地球旅馆

离 开 了 夜 晚

白 天 也 毫 无 意 义

夜间经济学

Nocturnal Economics

鬼虎子 著

北方文艺出版社

图书在版编目（CIP）数据

夜间经济学 / 鬼虎子著. -- 哈尔滨：北方文艺出版社，2019.7
ISBN 978-7-5317-4064-3

Ⅰ.①夜… Ⅱ.①鬼… Ⅲ.①经济学 – 通俗读物 Ⅳ.①F0-49

中国版本图书馆 CIP 数据核字（2019）第 101675 号

夜间经济学
Yejian Jingjixue

作者 / 鬼虎子

责任编辑 / 王金秋

出版发行 / 北方文艺出版社	网 址 / www.bfwy.com
邮 编 / 150080	经 销 / 新华书店
地 址 / 哈尔滨市南岗区林兴街 3 号	发行电话 / 0451-85951921 0451-85951915
印 刷 / 天津丰富彩艺印刷有限公司	开 本 / 880×1230 1/32
字 数 / 170 千	印 张 / 8
版 次 / 2019 年 9 月第 1 版	印 次 / 2019 年 9 月第 1 次印刷
书 号 / ISBN 978-7-5317-4064-3	定 价 / 69.00 元

✦ 序 言
Preface

流光溢彩的丛林

城市,对于人类而言,就如同一片生机勃勃、充满自由与变幻的丛林。我们每天就是在这片人类创造的丛林之中忙碌、穿行。

人类文明不断改变着这个世界。但在不经意间,人类的努力也在反过来重塑着我们自身。城市是人类在这个地球上最大也是最密集的创造品。文明史就是一部人们不断离开祖祖辈辈生息的乡野山间,向着城市聚拢的历史。我们到城市中来,不仅是为了寻求更加灵活的谋生方式,同时也是为了寻求更加自由的生活方式,因为对于自由的追求才是生活的本质。当城市的曙光刚刚照亮历史的天幕时,中世纪的人们就已经慨叹"城市的空气让人感到自由"。

自由的含义就是更少的束缚、更多的选择。这个世界上没有哪里能够比城市给我们提供更加多彩的选择,这些选择让我们终日的奔忙不再仅仅是为了活着,更为其赋予了足够的理由和动力。所以城市虽然总是与雾霾、拥堵、快节奏这些令人倍感焦虑的辞藻紧密相连,但是它又如同一块吸力巨大的磁铁,让我们一旦踏入其中便永远无法真正离开。

城市的多样性使得它如同一个长着一千副面孔的精灵,让我们很难弄清哪张脸才是最真实的。于是,人们总是在不断设定各种标准和尺度,来试图接近这个精灵最真实的那一面。

城市最吸引我们的并不是它外在的规模和斑驳陆离的表象。就拿洛杉矶来说,这个有着2000万人口、1000万私家车的巨大城市,尽管在尺寸和构造上无疑是个庞然大物,但城市评论家们一致认为洛杉矶还算不上一个真正的现代都市。因为相较于纽约和巴黎,洛杉矶没有什么夜生活,更谈不上夜生活文化。那么,对于城市而言,酒吧、迪厅、夜总会为什么会如此重要?

四月的一个下午,在陆家嘴一家俱乐部的临江包间里,虎子用平缓如黄浦江水般的音调向我娓娓叙述着什么是娱乐经济,什么是夜间文化,以及夜间经济在中国的过去、现在和未来。

窗外微风拂过,黄浦江在这里拐了个弯然后就直奔长江,汇入大海。跟随虎子的话语,突然间我才意识到自己是如此的无知,居然对一个全国年GDP超过2000亿元人民币、从业人口将近1800万的庞大产业一无所知甚至怀有偏见。尽管平日里我们总是自诩要击穿迷雾、发掘本质,然而事实上我们却一直都只是在肤浅的表面转圈。

这种肤浅源自我们的无知，以及由无知导致的傲慢。当然，在这个古老而又年轻的国度里，太多的事物远远走在了我们的认知之前，使得我们不得不如乔布斯说的那样处处 Stay Foolish（保持谦虚）。

《夜间经济学》这本书向我们展现了一个因为无知和傲慢而被无视与曲解的世界，而这个世界是构成现代城市的一个隐秘却重要的元素。在夜色笼罩、霓虹闪耀、舞乐喧嚣的夜店之中，人们更容易褪去白日的面目，回归原始的本性，让白日的昂扬能够稍事喘息，也让白日的忙碌奔波有了意义。或许这个隐秘的世界正是城市那无法抵御的魅力的一个重要源点，只是我们对这个隐秘的世界知之甚少，甚至从来没有加以认真审视和思考。

今天终于有了《夜间经济学》这本书，它第一次向世间揭示了这个隐秘的世界。我们会发现这本书是在认真地讨论一些诸如产业的发展、技术的进步，以及历史的变迁这些与我们熟知的主流世界别无二致的主题。当然，这也没什么好奇怪的，如果说太阳底下没有新鲜事，那么月亮底下何尝又不是如此。夜晚，虽然看上去很遥远、很朦胧，但仔细观察我们会发现，在它那光怪陆离的表象之后折射出的是我们这个世界，以及我们自身的影子。

严肃的事情当然需要严肃的人去做，本书的作者虎子本身就是一个传奇。还是那个四月的下午，暮色渐起，俱乐部就要迎来繁忙鼎沸的夜晚时光。就在喧嚣即将来到前的片刻宁静中，我临江倚栏，入神倾听着虎子的诉说。西去的斜阳投到他的脸庞上，照亮了他眼眸中平静但坚定的光芒。如果有上帝的话，这个人注定是为夜晚而生的,这个人也必然会成为改变中国夜间文化的一分子。

现在,就让一切改变先从这本书开始吧。

人类从最初的丛林,花费了500万年的时间才来到了城市,走到了今天。丛林是我们的起点,城市是我们的终点,但是对于人类而言,城市与丛林在本质上并无不同,只不过是巨木粗藤换作了高楼幕墙,虫鸣鸟啼变成了车笛人声。我们不断往前行走,我们又不断在向原点回归。当原始的人类在洞窟前的空地上燃起篝火、敲响鼓点、踏足起舞时,这不仅是在狂欢,同时也是在举行一个郑重的仪式,感谢白天的猎获,祝愿部落的平安,并以此洗去征尘,燃起斗志,以便当太阳再次升起时,能够再一次去与剑齿虎和猛犸象搏击。

夜间经济就是城市的篝火,每当夜幕来临之时,这些篝火便在城市中四处亮起,照亮了城市的天空,唤醒了人们心中从史前便一直潜埋的鼓点节奏,让人们与他们千百万年前的先祖一样,起舞狂欢,共同迎接黎明的到来。

喻海翔

目 录
contents

第一章
Chapter 1

夜晚与人类——超过30万年的DNA积累

我们是星空的孩子	*002*
人与动物不同的进化之路	*006*
黑夜相较白天更具主体性	*014*
现代人的泄压阀	*021*
热闹的黑暗是人类对子宫的乡愁	*027*
夜晚的质量决定城市的魅力	*032*

第二章
Chapter 2

夜晚与技术——从电气革命到互联网浪潮

三个"普罗米修斯"带来电	*038*
留住电,照亮夜	*047*
弧光灯升起夜晚的太阳	*055*
电灯为不夜城插上翅膀	*059*
白天工作,晚上狂欢	*067*
夜晚和虚拟意义	*075*
互联网和价值的无限延伸	*082*
经济学上的新轴心时代	*088*

第三章
Chapter 3

夜经济与城市——嵌入当地商业生态是王道

多样性空间的提供者	098
夜晚的阿姆斯特丹：社交才是黏合剂	103
夜晚的纽约：艺术和个性的聚集地	110
夜晚的东京：全球化和原真性的融合	122
夜晚的上海：古老"帝国"的韧性	137
夜晚的长沙：娱人娱己娱天下	148

第四章
Chapter 4

夜经济与产业——娱乐经济正成为重要引擎

夜间经济更契合现代经济属性	156
饮茶：传统夜经济模式之一	160
酒吧：传统夜经济模式之二	174
咖啡馆：传统夜经济模式之三	195
夜间文化产业是娱乐经济代言人	214
移动互联时代，夜经济指向私人定制	218
人类跨入24小时生命期	225

目 录
contents

尾 声
Epilogue

寻找第二 GDP ... 231

第一章
Chapter 1

夜晚与人类——超过30万年的DNA积累

◆

你有没有想过，有人约你吃饭，如果是客户，你会放在中午，如果是老朋友，你会放在华灯初上的夜晚。你有没有想过，所有的小酒馆都要在天黑之后才开门，低吟浅唱，拨动你的心弦。你有没有想过，不管白天多么勇猛无畏、风头无限，到了夜晚，你总是容易黯然神伤，像哲学家那样郁郁寡欢。这一切都是因为夜晚在人类进化的过程中深深地跟文化、精神世界和自我结合在一起。我们对夜晚的消费和期待，在夜晚的放纵和坦荡，都来自超过30万年的DNA积累。

我们是星空的孩子

✦ ✦ ✦ ✦ ✦ ✦ ✦ ✦

在夏威夷旅行的时候,有一件事情给我留下了深刻的印象。

那是一个晚上,我吃完饭信步往酒店走去。从我吃饭的地方到酒店并不远,大概半个小时的路程。当时已是华灯初上,四下很安静,大岛的居民并不多,除了观光客,没有人在晚上九点还有兴致在街上溜达。但是我觉得旅行的意义就是这样,让心情放轻松,兴致不妨高一些,做一些平常不会做的事情有何不可?而且,我吃得未免有点多,饭后半个小时的散步,有助于消化。

我就这么走着,太平洋的风吹过来,暖洋洋的,路两边是高高的棕榈树,低矮的灌木被修剪得整整齐齐,小石子铺成的路基在月光下发出白色的微光。这是一个多么惬意的夜晚啊。

我无意之中抬头仰望星空,不由得被眼前美景所震撼。我从来没有看见过那么灿烂的星光,整个夜空布满星斗。我必须承认,那一刻摄人心魄,一瞬间,我好像被整个宇宙紧紧包围,我觉得自己那么渺小,但是又非常幸福,我感到内心莫名的感动,有种本能的东西在震撼着我,我于是呆呆地看着星空,脑子空白一片。

不知道你多久没有在夜晚仰望星空了?你有没有试过在郊外安静的田野里仰望头顶的美景?

我想，你也跟我一样，曾经在浩瀚的星空下目瞪口呆，然后感觉自己内心深处一个地方被深深震撼了，一个说不清楚但是感受非常清晰的地方。大部分人会认为这不过是浪漫主义属性的一次来访，在一种悸动的情绪过后就会恢复如初，但是您有没有仔细想过这背后的深层原因呢？

2015年，美国北卡罗来纳大学的保罗·西尔维亚做过一个心理学实验。他招募了103名志愿者，给这些人看电脑屏幕上连续呈现的14张各不相同的星空照片，每一张照片后面都有"你觉得这张照片让你感动吗？""你觉得这张照片让你惊叹吗？"诸如此类的11个问题。

被测试的人对每个问题给出自己的答案，从1到7，1代表"一点也不"，7代表"非常"，中间的4代表"一般"。103位志愿者做出分数评定之后，心理学实验室发现，星空图片确实能给人带来"惊叹""敬畏""美丽""神圣"等深刻的审美体验，这些体验的评分都在4分以上。大家普遍在看到星空的时候，产生比以往更强烈的渺小感，但是这种渺小感带来的并不是自卑，反而是发自内心的赞美和向往。

那么你有没有想过这是为什么呢？为什么夜晚的星空如此有魔力呢？

答案很简单，因为我们每个人都是"星空的孩子"。

生命从最简单的原子组合开始，如果原子也存在记忆，那么它会回忆起亿万年前在宇宙飘荡的日子，最后奔赴原始太阳的烈火并降落到这颗星球上。

50亿年前，太阳系还是一团弥漫几十光年的星云，质量并不足以成为恒星维持热核反应，恰巧一次超新星爆发，带来能量扰动，才使得星云收缩诞生太阳系。所有生命与非生命的诞生，都源于恒星和它周围一切的毁灭。我们身上的某个原子，也许正是你抬头看到的某个星云产生的，而星空就是我们身体每一个原子最初的来路。

你不妨低头看看自己的皮肤，上面的某一个原子，它来自你几天前吃下的一块牛肉，那头牛吃过一棵草，这棵草吸收了一片草原中的某些成分，这些成分是被一座远古火山喷发出来的，这座火山喷发出的都是地球内部的岩浆，这些岩浆在地球形成之前只是太阳系中的粉尘，这些粉尘来自一片星云，这片星云则来自蓝巨星垂死时产生的超新星爆发，这颗蓝巨星，就是太阳的前身星。

而这颗蓝巨星又是怎么来的呢？它诞生于更早的几亿年之前的第二代恒星死亡后的遗骸，一直追溯到宇宙刚诞生的时候，所有这些东西都是一些夸克、胶子……而你身体中所有大于铁的原子，都诞生于某颗超新星生命的最后时刻。

换言之，我们身上承载着整个宇宙的记忆，宇宙发生过的一切，都以某种形式存储在我们的身体里。这就是为什么当夜晚来临的时候，我们仰望星空，会有无比的震撼和亲切感。因为那是我们的家园，是我们生命最终极的意义所在，是我们的前世，而我们在地球上的生活，不过是个衍生品而已。

白天是属于这种衍生品的。你忙忙碌碌，只会关心当下的事情，因为这和自己的切身利益直接相关。你关心钱、社会地位，关心父母、爱人、孩子，关心天气、房价、养老，这些都是人类大脑与人类社会相互影响后的产物。你把它们掰开揉碎了分析得入木三分，然后按一种似乎是约定俗成的规则去做对自己最有利的事情，将俗世生活这一概念放大到无限大，让它肆无忌惮地占据了内心的全部世界。

可是，这就是生命的全部意义吗？

就算你一无所知，但是你体内的远古记忆并没有消失，它们只是在沉睡。于是，在某个晴朗无云的夜晚，你抬起头，一片壮丽、优雅、安详、神秘、广阔的星空就如同一张巨幕赫然呈现在眼前，如一丝清雨将你世俗的双眼洗刷得干净透彻，什么都不剩。你与你最本质的归属之间再无任何隔阂，只有不断涌入眼中的无数星光直接打入你的内心。你怎能不感动？怎能不幸福？怎能不惊叹于世俗之外这超越一切的终极之美？这个时候你就会意识到，你是社会的，但首先是自然的。

但是我们多久没有意识到夜晚之美了？似乎很久了。但是，无论多久，我们会忘记夜晚吗？不会，我们永远不会。

人与动物不同的进化之路

◆ ◆ ◆ ◆ ◆ ◆ ◆ ◆

人类学家普遍认为，人类已经在这个地球上存在超过 250 万年了。虽然比较起在地球上存在超过 1.5 亿年的恐龙来说，人类的历史实在短得不算什么，但是，恐龙没有登上月球，没有发明可以把夜晚照成白昼的小灯泡，没有发明互联网，更没有给自己写个编年史——想一想也挺可怕的，如果恐龙写了编年史，得足足写将近 2 亿年啊。

这固然不能说人类就比恐龙高级——等到人类也存在超过 1 亿年再说这话不迟——大抵只能说明，人类的进化走了一条跟恐龙截然不同的道路。

没有研究发现恐龙在其存在的 1 亿多年里生活模式发生了多大的变化，两只生活年代差别 1000 万年的恐龙，如果能够碰到，只怕它们依然会有很多共同语言。它们的语言系统似乎也差别不大，它们交流起来没有什么障碍，会彼此聊天，探讨怎么吃叶子，怎么找水源，甚至怎么追求貌美的异性恐龙。几千万年了，它们的生活方式并没有什么变化。

但是今天的人类和 250 万年前的人类相比呢？不要说 250 万年前，就是 1 万年之前的人类，也无法想象我们今天的生活。特别是人类历史进入近代，科技的发展让生活模式发生了日新月异的改变，清朝人怎么也不会想到，今天的人类最害怕的竟然是手机没有信号。

而纵观人类发展历史，我们的生活模式主要经历了两次颠覆性的变化，这两次变化让人从动物中脱颖而出。

一次是1万年前的农业革命，还有一次是我们目前身处其中的科学革命，从开始到现在也有500年了。

人类的进化是所有生物中最奇特的，他们看似渐渐成为这个地球的主宰，把其他生物祸害得不行。在人类发展的野蛮时期，其他生物要么成为人类的食物和工具，比如猪牛马羊；要么因为生存环境被侵蚀而灭绝，比如爪哇虎；有些动物更悲惨，是在成为食物的过程中灭绝的，比如旅鸽。自然界似乎应该奉人类为上帝了，凡是不能被驯化、圈养的动物似乎都免不了走上灭绝这一条路。

但是另一方面，人类又是这个星球上最作茧自缚的一种生物。他们不停地为自己寻求方便，发明了各种稀奇古怪的东西——洗衣机、洗碗机、汽车……但是所有的方便最后都成为一种枷锁，让人类深受其苦，无法摆脱。你没发现身边的人越来越不开心了吗？

如果我们可以每隔一万年做一次抽查，对比人类进化过程中的心理健康状况，我敢打赌，现代人一定是自从人类诞生以来最沮丧的一群人了。你说，这是进化的成功还是失败？

这一切都起始于第一次生活模式的改变。

农业革命发生在距今一万年前,人类学会了种植小麦。但是从另一个角度,不如说小麦借机驯化了人类,因为它由一种毫不起眼的杂草,一跃而成为植物界的天皇巨星,被人类精心保护着,小心翼翼怕它们灭绝不说,还替它们干掉了不少天敌,于是小麦得以在全世界范围内不断繁衍蔓延。从DNA遗传的角度来说,进化就是DNA的自我繁殖过程,小麦在植物界的进化可以说是一枝独秀,大获全胜。

但是人类呢?就此却把自己固化在土地上,每天辛苦地劳作,像奴隶一样侍候粮食的生长,而失去了随处行走的自由。也因为谷物成了主要的食物来源,人类的饮食结构越来越单一,导致了各种免疫系统问题的产生和瘟疫的横行。

现代人的烦恼就更别说了,就以我们的生活来说,我们有了手机,可以及时沟通,互通有无,却不自觉地陷入烦琐的人际关系网中,快节奏的社交生活侵扰着我们,让我们焦躁不安;我们有了汽车,可以去往遥远的地方,但是又得为养护它耗费心思,要更加努力地工作,以求能拥有这个昂贵的大玩具;我们创造了稳固健全的社会制度,把自然界最基本的优胜劣汰屏蔽在外,让最糟糕的基因都有活下去的可能。它保障了人口,但是要压抑你的个性,要求你放弃很多自由和快乐,你稍微动弹一下都要付出巨大的代价。

近500年的人类可能是历史上最烦恼的一批人了,因为科学革命的到来,让这个世界日新月异,每个人都有一种"不是我不明白,这世界变化快"的迷失感。

革命性的发现一个接一个，颠覆性的科技目不暇接。而人类这种生物虽然有飞快学习的能力，算是地球上最聪明的物种，但是他们的脑容量还是有限。人类说到底还是动物，作为整个物种来说，人类是排斥过于迅速地进化的，人类本能地喜欢稳定，讨厌变革。

太快的速度会产生强烈的不适感，而因为太快地看到各种决定带来的结果，人类比以往更加迷茫。今天的人类普遍带有一种悲观情绪，有末世情结，很多人认为，人类的未来，不是做出一个无法掌控的新玩具将自己取代，就是彻底迷失在飞快的变革中，基因弱化，自我毁灭。

人类对过于频繁的变革产生迷茫心理，这很好理解，这是进化产生的自我保护心理，我们纵观一下人类历史就很容易明白了。

人类作为食物采集者已经有250万年了，在这段时间里，人类主要靠采集野生果子和捕捉野生动物为生。族群通常维系在150人左右，少于这个数量没有足够的力量存活，多于这个数量会因为缺乏有效维系而分崩离析。

采集时代是一个非常漫长的过程，漫长到那时的人类一定认为这种生活模式是永恒的，自然界长什么就吃什么简直是颠扑不破的真理，比牛顿三定律还无法反驳。

接着，农业革命到来了，人类发现可以种植小麦，可以养猪吃肉，再也不用到处溜达、四处采摘了，而是固定在一片土地上种植出大量的食物。这对当时人类思维的颠覆远远超过今天人类登上月球带给我们的震撼。因为农业革命改变的可是沿袭了250万年的生活方式。

所以当我们对科学格外骄傲，认为手里掌握的技术几乎无所不能的时候，我们可以设想一下1万年前刚刚成为农民的人类。他们当时的狂妄只怕比我们来得还要凶猛，原因无他，我们只是改变了500年，他们却是颠覆了250万年！我们的文字只记载几千年，但是DNA却能反映进化过程中的所有积累。

所以你会发现，就是在那个时期，也就是在农业革命时期，人类留下了最狂妄的神话，这些神话无一不暗示人类才是宇宙的主宰，人类才是神的选择，而不是那些体格巨大的长毛象。

是什么给了人类这样的自信？要知道他们既没有火枪大炮，也没有卫星飞船，他们连地球是圆的都不知道。说来很可笑，给他们自信的是小麦，是的，能种植小麦了，进入农业时代了，对人类来说是件不可想象的疯狂的事情——自然可以控制了，人口可以增长了。这意味着人类终于掌握了跟其他动物拉开距离的技巧，这是本质的东西。

举个神话例子来说，比如夸父追日。

夸父生活在黄帝时期，正好是中国农业革命蓬勃兴起的时候。这一时期留下了很多轰轰烈烈的神话传说。这些神话传说的气质是什么呢？就是农业革命初期的超级自信。

在《山海经》和《列子》里都记载了夸父追日的故事。夸父是个勇敢无畏的人，他身强体壮，无所事事，有些神经质，他觉得可以把太阳追到手，于是每天追赶太阳，无比执着，直到累死，是个有奥林匹克精神的长跑运动员。

因为存在于远古神话中，夸父不可避免地拥有了一种魔性，跟个寓言似的，富有象征意义。除了疯狂之外，也让今天的我们暗中觉得他过于愚蠢。但是，我们是不是可以换一个角度看问题，夸父追日恰恰说明了他颇为自信，觉得跟太阳赛跑是小菜一碟，可以说自信心爆棚。

不必笑他，也许五千年后的人类看到我们试图解释量子物理时，也会觉得我们就像神话传说中的人物那样荒诞不经。

但是夸父并不觉得自己荒唐。距今一万到五千年间的人类是最有自信的一群人。他们可以扮演上帝造人，各地的神话传说都无一例外涉及人类起源这一主题。他们还试图解释自然真相，无论是补天、治水，还是对地球相貌漫无边际的想象。这背后都彰显着一种作为高等生物的自信，这种自信是农业革命带来的。

今天的人类处于科学革命之中，这是比农业革命还深刻的革命，但是，我们还会有这种自信吗？难说得很。

科技发展过于迅速，我们反而忐忑惶恐。理论更新得太快了，新的东西以前所未有的速度成为旧的，被抛弃的时候上面还带着刚出炉时的温度。在这样的变革中，我们不可避免地产生了无力感。

几万年后人类如果还存在，会发现我们这个时代的人类总是郁郁寡欢，每个人都发出沉重的感叹：一方面相信科学总会带我们找到出路，另外一方面却又掩饰不住地悲观，总觉得人类哪里不对，早晚有一天会失控，成为下一个恐龙。

这是现代人痛苦的根源所在，因为不可知性太多。人类甚至还发明了"反脆弱"理论，号召大家来拥抱这种不可知性，看似态度非常积极，但实质是种无奈与恐惧。

农业革命的历史短得不值一提，仅仅有12000年而已。但是科学革命只有500年，更短，更密集，浓得化不开。

人类用两百多万年适应了采集时代，再用一万多年适应了农业时代，现在是科技时代，才过了500年，其变化的深度、广度、速度就几乎超过了之前的总和。这种情况下，人类怎么能不迷茫，不有末世感呢？

近500年来，人类的生活方式变化太频繁、太巨大了。如果一个人在500年前闭关，在今天醒来，他会发现自己完全被时代抛弃了，他根本无法生活，不，他根本无法存在。他很可能疯了，或者在疯了之前被当成活标本送进人类研究所。

同样，在这样的变化中，我们的思维也必须呈现出"喜新厌旧"的特性才可以紧跟时代的脚步，不管是政治制度、生活方式，还是经济模式。

我们必须了解我们所处的是什么样的时代，才会真正明白新的生活模式是以多么快的速度、多么密集的频率、多么颠覆的面目来到我们身边，才会明白科技革命对本书所要提到的经济模式和市场心理具有多么大的影响。

所以原谅我在此扯了这么多人类生活模式的变迁，因为虽然生活模式不断变迁，但有一样东西是连贯的，那就是人类的思维方式——我们永远都在追求方便、轻松、丰富和审美。从几百万年前的人，到今天的人，一以贯之。

人类的进化是无可避免的，作为一个物种来说，进化也意味着进步，是不可逆的。所以尽量谦卑，不必恐慌，就算人类逃脱不了总要毁灭的宿命，也不必为此惶惶不可终日。

要知道，人类的希望也许就在于人类从不放弃自我调节，所以永远都要顺潮流、合风气，拥抱时代。

科技带给我们新的视角，我们要做的是找到方向所在，也许夸父追日的寓意就在于此，追逐希望才是人类的救赎之道。具体到经济模式上，跟夸父相反，我们要拥抱的可能是夜晚。

黑夜相较白天更具主体性

◆ ◆ ◆ ◆ ◆ ◆ ◆ ◆

拥抱夜晚这件事并非想象中那么颠覆。"黑夜给了我黑色的眼睛，我却用它来寻找光明"，很长一段时间里，夜晚是作为光明的对立面存在的，这种立场导致了它总是被忽略、被贬低，存在的价值就是为了衬托光明多么了不起。黑夜除了用来睡觉之外，似乎也不被期待更多，除了梁上君子。

但是黑夜如果和光明结合在一起呢？你可以在黑夜中点起一把篝火，黑夜就此变得温馨、有活力，你可以在黑夜里制造一个白天。但是反过来，你能在白天创造一个黑夜吗？白天里的黑夜不仅魅力全无，而且莫名有种颓废感。

这说明黑夜对于白天来说，更具有主体性，它是一个底色，本身潜藏着巨大的可能性。它躁动不安，但是表现上又沉寂安详；色彩单一，反而容易添加很多内容，呈现出缤纷多姿的样貌。

这是黑夜的魅力所在，而对这个魅力的追求，其实早早就开始了，比我们想象的还要早。

刚才我们说过，人类存在的历史已经超过250万年了，但是在将近200万年的时间里，人类都是非常弱小的存在。他们本身存在着很多缺陷，比方身材矮小，不要说巨大的长毛象，就是黑猩猩都比人类体格魁梧，一旦相逢，人类只有落荒而逃的份儿。人类的夜间视力也很糟糕，和其他动物比起来，几乎算是个残废，不仅比不上夜晚捕食的大型动物，连鬣狗都不如。所以在食物链中，人类长期处于低端。

早期的石器最常见的用途，就是把骨头敲开。是的，我们的祖先最擅长敲骨吸髓，不是因为我们擅长补钙，而是因为我们没有猎杀大型动物的能力，所以只好眼巴巴地躲在一边。等狮子享受完猎物的内脏，鬣狗享受完剩下的肌肉，就轮到我们了吗？别忙，还有秃鹫呢！它们体形巨大，爪尖嘴利，也非常不好惹。它们会肆无忌惮地从天上一个猛子扎下来，才不去管环伺周围的弱小人类（那个时候还是猿类），这些不能跑、不能咬、不能飞的猴子有什么好害怕的呢？秃鹫不慌不忙地把狮子和鬣狗吃剩下的东西用尖尖的嘴都挑出来喂饱肚皮，然后心满意足地飞走了。这个时候才轮到了我们的祖先，面对一片狼藉的猎物，还有什么可吃的呢？只好用石头砸开骨头吃骨髓了。

人类活得多悲催啊，真是被欺负到家了，但是这一切因为一件事改变了。大概80万年前，某些地区的人类开始用火了。

人类使用火的历史算是不短的，这大概可以部分解释为什么像人类这么弱小、无用、情绪化的动物还能繁衍下来。因为他们聪明，太聪明了，他们竟然控制了比他们强大很多的自然能量，目前人类依然是这个星球上唯一能够掌控火的生物。

第一章
夜晚与人类——超过30万年的DNA积累

到了大约 30 万年前，对人类来说，用火已经很普遍了。多处的考古都发现，这个时间段里有人工火烬的遗迹。

火的意义不言而喻，它可以改善伙食，适合人类无力的下颌骨和脆弱的胃肠；火还可以取暖，这弥补了人类毛发稀少不那么耐寒的缺点；火还可以驱赶大型猛兽，如狮子、老虎、长毛象——在它们的进化过程中，火是毁灭一切的恶魔，离得越远越好。这些野兽的大脑不是用来思考的，再进化一亿年也理解不了火这个东西。

火还可以干什么呢？还可以带来光明。

在很多动物眼里，人类是有残疾的，它们觉得这种猿很奇怪，一到了晚上就变成了瞎子，这种动物的眼睛离开了光明就成了摆设。不要说猫科动物，就是犬科动物也比人类威风，它们到了夜晚可以目光如炬，火力全开，抓耗子、猎鹿群，到处溜达，全都不在话下。

当其他动物可以尽情享受夜晚的时候，人类只能躲在洞穴里战战兢兢，除了睡觉实在没有别的事可干了。因为眼瞎啊，伸手不见五指。

被其他动物嘲笑了两百万年之后，终于，人类长志气了，竟然学会了点篝火。另一扇大门打开了，人类的命运从此更新升级了。

如果说白天是属于工作的，忙着四处采果子、猎兔子，趁着猛兽们睡觉赶紧出来溜达溜达，那么夜晚才是属于人类自己的，点起篝火，驱散周围不怀好意的豺狼虎豹，人类可以轻松自得，放下白天一直紧绷的戒备心，喘口气，唱个小曲，聊聊八卦了。

夜晚的寒冷被篝火散发出的温暖驱赶，这一切多么惬意。天上有皎洁的月亮，或者没有，人类并不在意，因为眼前的篝火让夜晚如此美丽，谁还去关心天上有没有明亮的大圆盘？

到了距今 15 万年的时候，人类使用火的技术已经炉火纯青。是的，连"炉火纯青"这个成语都说明了人类对掌控火这件事多么得意。

那么夜晚的篝火到底改变了什么？仅仅是我们对生命另外一面的单纯追求？还是有情感需求之外的进化意义？

大概在距今 7 万年前，人类发生了一次进化上的飞跃，不知道怎么搞的，竟然有了语言和文化，成功地把自己跟黑猩猩永远区分开来。这次飞跃，我们称之为"认知革命"。

"认知革命"是指人类可以进行形而上的思考了。虽然这种所谓"思考"今天看来很简陋，很形而下，但是跟狮子、老虎、大象比呢？人类牛上天啊。

人类的祖先看见月亮，除了觉得它很亮之外，还会思考这是不是心爱的母猿在向自己眨眼睛，表达她想与我一起为族群繁衍做贡献的美好愿望；看见狮子在周围溜达，除了回家警告同胞要小心之外，还可以很复杂地交流一些想法，比如："这头狮子老是在这个时间出现，我们搭个陷阱明天把它端上桌怎么样？""'双 11'到了，我也答应小母猿给她做个狮皮手袋。"

这并不可笑，能交流到这个地步就已经揭示了人类与恐龙的本质区别，人类有更宽广的可能性，而且这个方向一旦被人类找到，他们就决定一路狂奔起来。

第一章
夜晚与人类——超过 30 万年的 DNA 积累

这一切跟夜晚的篝火有关吗？

是的，关系很大，因为信息的交流需要土壤，特别是八卦的交流。人类学家有一种强有力的结论，智人（远古人类的一种，今日人类的共同祖先）之所以能够一支独大，这跟他们旺盛的八卦能力有关。这种能力决定了文化的产生。文化的附属品是凝聚力，你可以让十个人靠血缘关系和性关系同心同力，如果有一千万人需要同心同力呢？你必须靠文化，让他们爱国、爱宗教、爱地球，有了信念上的凝聚力，不要说一千万人，就是一亿、十亿，这个任务的完成也在弹指一挥间。

凝聚力的重要性怎么强调都不为过，正是因为这个，智人才成为我们所有人的祖先。

当时地球上还存在其他人类，有些人类比智人还要高大、漂亮、威猛，但是他们都去哪儿了呢？带着孩子出去玩了吗？不，他们都被智人干掉了。

想象一下，一个智人打不过狮子，那么十个人呢？一百个人呢？所以大约七万年前，智人发现了复杂的（相对而言）语言体系和文化体系，智人族群开始开挂了，他们变成了战神，把其他的人类都给灭绝了。因为他们可以组织上百人、上千人的斗殴，多可怕，谁打得过？估计那个时代其他没有文化的人类看到智人成群结队地出现，都会躲得远远的，嘴里嘟囔着"就怕流氓有文化啊"。

而这种文化从何而来？是的，夜晚的篝火。

只有放松、安静、舒适的夜晚才是人类思考和交际的最佳时间段。30万年前的篝火，正是7万年前认知革命的温床。否则以人类缓慢的进化属性，没有温床加速的话，我们现在是不是还处在某个落后的进化环节里呢？那么我现在就不可能跟各位唠叨夜晚的重要性，各位也不会对此感兴趣，有时间还是把自己身上的这块兽皮缝补一下更为重要啊。

说了很多人类的进化，是想说明白，夜晚对人类的重要性，它在"认知革命"中扮演的角色如此重要，很多时候，这种重要性我们竟然无知觉。

你有没有想过，有人约你吃饭，如果是客户，你会放在中午；如果是老朋友，你会放在华灯初上的夜晚。

你有没有想过，所有的小酒馆都要在天黑之后才开门，低吟浅唱，拨动你的心弦；中午怎么就没有穿破洞牛仔裤的男孩抱着吉他唱《成都》？

你有没有想过，不管你白天多么勇猛无畏、风头无限，到了夜晚，你总是容易黯然神伤，对自己这一辈子思前想后，从而像哲学家那样郁郁寡欢？

这一切都是因为夜晚在人类进化的过程中深深地跟文化、精神世界和自我结合在一切。

我们对夜晚的消费和期待，在夜晚的放纵和坦荡，都来自超过30万年的DNA积累。

30万年前，有一个人点起了篝火，部落里的人于是围着篝火坐下，大家开始唱歌跳舞，模仿某些动物或者想象中的神灵。有人在交流附近部落的八卦，有人在炫耀刚刚磨好的一块燧石，有人在角落里偷偷哭泣，有人在默默地想念爱人，大家都各有心思。一个夜晚过去了，无数个夜晚过去了，直到今天，我们依然是以这种方式度过夜晚。

篝火更像是一双美丽的蝴蝶翅膀，依然扇动在我们每个人的内心深处。

接下来，我们倒不妨好好说说，对于族群意识和个人情感来说，夜晚是怎样的存在。当然，说到意识和情感，我们终于不必再说原始人类了，咱们来说穿衣服的人吧。

现代人的泄压阀

❖❖❖❖❖❖❖❖

当人类还在平原上采集的时候,他们每天只需要工作三到四个小时。但是当他们成为农民之后,他们的工作时间明显加长了,农忙的时候要增加到每天六个小时以上。但是农闲的时候,他们也可以整个季节无所事事。

到了现代呢,我们号称每天的工作时间是八个小时,但是很明显,我们每个人的实际工作时间都比这个长。对大部分人来说,加班是家常便饭,更别说即使下了班回家,不少人依然保持手机随时待命,任何一通工作电话进来,都得一秒钟切换到工作模式,不管是在吃饭,还是在上厕所。

现代社会精细的分工合作,让每一个人各司其职,工作可以细分到非常微小的地步。这导致每个人都不具备独立生存的技能,必须仰仗这个庞大的社会体制,一旦离开了固有的位置,我们就失去了以往的优势,变得无能起来。

你能想象一个金融界大亨独自在丛林中生活吗?他肯定比不上亚马孙某个部落里最弱小的男孩。不说别的,你让他去追野猪试试,他那两条只适合坐高级轿车的腿跑上两千米就得报废。他在探索频道看的那些野外生存的知识也全然派不上用场,基本都是些花拳绣腿。这个时候,不管他在华尔街多么呼风唤雨,银行账户里有多少美元，都改变不了在丛林中他连原始人都不如的事实。在纽约他可能左拥右抱、美女环绕，但是在丛林里，没有一个脑子正常的女人肯高看他一眼。

现代人类的进化给了我们很多的保障，这让我们的自信心像气球一样鼓起来。但这些保障同时也是束缚，它带给我们依赖性，也带来不安全感。一旦你离开了赖以生存的社会位置，你会发现自己一文不值。

不要说从一个金融大亨到丛林猎人这么大的反差，就算你在同一家公司，仅仅调到不同部门，所产生的差异都可能让你崩溃。

想象一下吧，你是一名程序员，每天做的事情就是跟机器打交道，写一些只有你们才懂的语言：C++、JAVA、SQL……你在这个位置上做了五年，不长也不短，但是足够让你的舌头退化。你慢慢不知道怎么跟人群接触，你每天说话不超过两千字，还多半是"你好""再见"之类最简单的交流，你更擅长用机器语言写电脑程序，只有在这个0和1的世界里你才如鱼得水。

如果这个时候，你被调到同一公司的销售部门呢？你要见客户、写方案、拉订单、参加饭局、建立关系网，任何时候你的脑子都要根据客户的要求，在最短的时间里算出报价，同时你必须手段高明，八面玲珑，见人说人话，见鬼说鬼话。

从一个程序员到销售代表，也许在公司里只有几步之遥，但是这两个职位的差异之大，足以逼疯你。

因为细致的社会分工已经让你只能存活在一个领域里，稍微换一个环境，你就会发现自己好像白痴一样，什么都不懂。

这是现代人不安全感的由来，他们不敢换工作，因为每一个工作都有很固化的形态。在一个位置干上几年，基本上就跟这个工作长到一起了，任何改变都需要付出巨大的勇气和决心。

所以你会发现，现代人一方面对自己的处境表示不满，另一方面却缺乏做出改变的胆量。于是我们随处可见犹豫不决而很不快活的人，他们被迫生活在某一种自己并不喜欢的状态中，这种状态也许是一种工作，也许是一段婚姻，也许是一个关系网。事情的起因也许是因为你的父母帮你选择了一份你不喜欢的工作，也许是因为你在结婚之后才找到了自己的真爱，也许是你出生在一个无法改变的家庭关系中。所有的这一切都阴差阳错，你并不喜欢，可是无法改变，于是备受困扰。

现代社会制度从某种程度上需要你牺牲一部分，甚至一大部分自我。很多人都在万般无奈中度过自己的一生，这是现代人普遍的悲哀。

所以抑郁症成为现代人健康的一大杀手。

世界卫生组织发布的报告显示，截至2015年，全球有超过3.2亿人饱受抑郁症的困扰，约占全球人口的4.3%，抑郁症导致的自杀行为是15岁至29岁人群死亡的第二大原因。

而据不完全统计，在中国，这个群体的总数约有9000万人，每年因抑郁症造成的总损失高达513.7亿元。这是不是很触目惊心？我们国家的抑郁症人口都超过法国总人口了。

抑郁症成为一种时代病，很多徘徊在抑郁症门外的人也有这样那样的心理疾病。更多人的心理处在亚健康状态，他们在白天进行着高强度的枯燥工作，每天机械地上下班，无处可逃，而人性的本质是渴望轻松和丰富的，现代社会制度的设置恰恰与人性这一本质相背离。

有办法排解吗？有啊，最善于捕捉人性弱点的永远都是商业模式。

你打开电视机，常常看到旅行的广告，它们无一例外地告诉你一个神话，就是来旅行吧，世界这么大你要去看看！看什么看？好像看看就能包治百病似的。电视广告告诉你的，无非是你需要换个环境，也许你不能摆脱你的既定生活，但是你可以短暂逃离，哪怕只有三天，但足以让你产生一种生活在别处的错觉。

这种短时间的逃离无法解决你生活的根本问题，但是它至少让你可以松口气，否则漫漫人生你怎么熬呢？

我们有没有想过度假这件事从什么时候成为生活的解药的？古时候的人才不要度假呢。如果回到古埃及，法老心情不好的时候，他怎么排解呢？他不会跑到巴比伦去晒太阳，相反，他很可能给自己修建一个巨大而华丽的坟墓，这个比去别人领土上瞎溜达更让他心花怒放。

只有在现代社会里，度假才成为某种良药，一种治愈系的生活方式。这是资本运作下的小把戏吗？不是，先有了人性的需求，才有了资本的介入，永远如此。

度假，它代表的其实是一种伪逃离，它完成了我们要摆脱目前生活状态的想象。我们人人都需要它,换句话说,我们都有病,"逃离"是种药。

人性需要轻松和丰富,现代人却生活得沉重单一,这是无解的矛盾。越是被束缚,越是难以逃离,于是,逃离才成为人生的庇护所。

原始人不需要度假,因为他们以采集为生,逐水草而居,他们的人生就是一场旅行。农业社会的人不需要度假,因为他们视四季而作,下雨、下雪、冬夏两季是他们天然的休息日,他们的人生就是一场休养生息。

只有现代人,他们仿佛是被钉死在人生版图上的蚂蚁,忙忙碌碌,毫无出路,他们被细致地标准化了,但是他们的DNA不是这么设置的啊。

我们不厌其烦地分析现代人的生活现状,梳理现代人的心理,其实是想让大家看到现代经济的导向,必须以人类需求为基础,顺应市场的实质就是顺应人类本身的需求。经济学对市场的分析,归根结底还是对人性和人类现状的分析,只有这样,我们才会真正具备市场前瞻性,把握主动。

人性渴望逃离,度假是一种昂贵的方式,更常见、更方便的则是另外一种方式,而且是被我们大家忽视的方式,那就是夜间娱乐。

如果白天的工作是你存在于这个社会制度下必须履行的责任,那么夜晚,你换上轻便的服装,卸下日间模式化的假面,带上真实的自我,约三五好友或者知心爱人,潜进小饭馆,坐在吧台上,叫一打啤酒,听一曲民谣,抱着爆米花看一场电影……四处灯光暗下,你忘记了老板，忘记了客户，忘记了恼人的人际关系，于是你的人生开启了一次旅行，仿佛又回到祖先那种追逐丰美果实而四处游荡的日子。你可能只需要两个小时高质量的夜生活，就可以扫去你积累了一整个白天的负面情绪。

这是我们人人都可以做到的事情，不需要你订一张机票飞到丽江。

夜间经济很长一段时间被大家忽略，是因为它被人误解为单纯的娱乐，是属于年轻人的。大家觉得年轻人精力旺盛，白天的忙碌无法完全消耗掉他们的多余能量，于是他们需要夜晚继续释放。这是一种错误的观念，我们必须看到夜间生活是现代人类的诉求，无论对于男女老少，它都有着非常深刻的社会意义，能弥补人性深处的缺憾。现代制度越完美、越精细，人性对夜晚的要求就越高，夜间经济是水面下的冰山，体积庞大到会令所有人瞠目结舌。

它提供的不仅仅是休息和娱乐，它顺应了人性，赋予了人生另外一个意义，在某种程度上扮演着人生庇护所的功能。所以，我们怎么强调它的重要性都不为过。

我们越了解人性，越明白现代社会给了我们怎样无解的压力，就越明白经济的走向，也越能看清楚一直以来被忽视的夜间经济到底具有多么大的潜能。

接下来，让我们聊一聊夜晚对人类情感和文化的影响。

热闹的黑暗是人类对子宫的乡愁

❖ ❖ ❖ ❖ ❖ ❖ ❖ ❖

从一个逃犯的故事讲起吧。

1963年,英国发生了最严重的火车抢劫案,由格拉斯哥发往伦敦的邮政列车被劫持,劫匪一举劫走了260万英镑的财物。在五十多年前,这可是一笔天文数字,举国震惊。但是罪犯很快就落网了,他是来自伦敦的罗纳德·亚瑟。

这名江洋大盗被判在伦敦郊区的监狱里服刑。然而意想不到的是,两年之后,他竟然越狱逃跑了,没有人知道他是怎么办到的,但是他就是做到了。这大概说明他有个大胆且狡猾的灵魂吧,当然,身手也不错,之后的事情也证明了这点。

他先流窜到巴黎,请深具时尚品位的法国人给他做了整形手术,把自己整得亲妈都认不出来。之后,他就在全世界范围内逃亡,后面跟着一堆警察也无所畏惧。

1970年,他流亡到了巴西,在那个年代,英国和巴西之间尚未建立引渡犯人的相关制度。所以他不用担心被强行引渡回国服刑。于是他放心了,他改名换姓,娶了当地的一位美貌女子,过着神仙一样的生活。可能实在为自己前半段轰轰烈烈的人生而感到骄傲,他竟然大张旗鼓地出了自传,还出过热卖唱片,名利双收过得热热闹闹的。英国政府明明知道他的存在，却完全拿他没有办法。

但是38年之后，也就是2001年5月的时候，已是耄耋老人的罗纳德·亚瑟活得不耐烦了，又发出了惊人之语。

他主动要求回英国，因为他希望"在有生之年作为一个英国人，在夜幕下的小酒馆里喝一杯啤酒"。

这件事情被英国大众报纸《太阳报》报道之后，引发了英国人的极大关注，一群喜欢热闹的英国人甚至为他提供了回国机票。英国人表面看起来非常自我，孤傲冷峭，但是骨子里对个人英雄主义的推崇一点儿不比爱起哄的美国人差。

当然，警察不会理会什么特立独行的江洋大盗，罗纳德一下飞机，就再次被捕入狱。跟上一次被捕不同的是，这一次老人非常安详，甚至是愉快地戴上手铐。他甚至还对赶来的媒体发表了一段文艺化的感慨，他是这样说的："以一个英国人的身份，到玛格丽特的小酒吧去，就着昏暗的灯光，买一品脱苦啤酒——这就是我最后的愿望。"感动得旁边的警察都要集体鼓掌了。

那么，这位有个性的老人是否真的回到他曾经去过的小酒吧，喝到他梦寐以求的英伦苦啤酒了呢？

是否喝到并不重要，因为他已经用自己的方式解了相思，安抚了灵魂深处的乡愁DNA。

故乡对他来说，不是泰晤士河，不是圣保罗大教堂，不是大本钟，更不是女王伊丽莎白二世和苦涩呆板的伦敦口音，他的故乡就存在于夜幕笼罩下的小酒馆里，里面有一个温存热闹的老板娘，一群吃三喝四的朋友,还有他肆意舒展的灵魂。

如果我们不这么文艺化地表达的话,我们可以说,对于这名江洋大盗来说,乡愁的记忆是关乎夜晚和自己的。因为在那样的夜晚,他才遇到那样的自己,经过岁月的洗礼,他知道什么才是深深埋藏在灵魂深处的东西。

有的时候,夜晚如此重要,以至于我们需要漫长的岁月去鉴证它的不可取代性。

莎士比亚在《亨利五世》中描写了一个战死在阿金库尔战役的少年,在他临死的时候,莎士比亚安排他感叹道:"神啊,如果能回到伦敦的麦酒屋该有多好!只要能活着,再喝上一杯麦芽酒,即使名誉之类的全部贡献出去也在所不惜!"

文中出现的"麦酒屋"并非传统意义上的小酒馆,它实际上是指一种夜间聚会。每当夜幕降临的时候,男人们就躲在里面高谈阔论,偶尔爆发出放肆的大笑,你知道又有一个胆大妄为的计划诞生了。

人们对夜晚有种割舍不掉的情结,这是骨子里的 DNA 决定的,因为黑暗在某种程度上给人类带来安全感。这里所说的黑暗不是寂静的黑暗,寂静的黑暗只会孵化恐惧和不安,这与人类在子宫里的潜意识有关。只有热闹、喧嚣的黑暗才能勾起人类对子宫的回忆,这是安全感的由来。

美国的斯派克医生曾经在自己的畅销书《关于孩童的故事》里,详细描述了胎儿在母亲子宫里的状态:那里漆黑一片,没有一丝光线,但是嘈杂无比,血液流动的声音、器官蠕动的声音、母亲心跳的声音,纠缠在一起,构成一个无比喧嚣但有序的声音世界。

这就是为什么婴儿刚刚出生的时候,在极度安静的环境里反而无法安然入睡的原因。有经验的育儿专家会在婴儿入睡过程中刻意制造一些有序的噪音,比如远处吸尘器的声音、抽油烟机的声音,甚至热闹的谈话声。这一切都有助于婴儿体会重回母亲子宫时的安逸,安抚他们被白昼搞得焦躁不安的灵魂。

同样,当婴儿长大之后,他会慢慢适应白昼的光亮,但是温暖而喧嚣的夜晚永远有一种神奇的魔力,给他莫名的安全感,让他的灵魂在里面可以尽情舒展,得到白天得不到的归属感。

如果不怕扯得远一点儿的话,我倒也想说说关于人类起源的海猿假说。

在对人类起源的研究中,有一部分科学家坚持人类海洋起源说。他们认为,人类来自黑暗的深海。

2002年,法国医学家麦高尔·奥登提出一个更加新颖的观点,他认为,人类和海豚的亲缘关系超过了猿猴,人类的祖先是海豚。因为,人的身体表面裸露无毛,却有皮下脂肪,这与其他灵长类动物截然不同,光洁无毛的身体与丰富的皮下脂肪更适宜在较冷的海水中生活并保持体温。

而且,人体无法调节对盐分的需求,需要"出汗"来调节体温,这是"浪费"盐分的。其他灵长类动物却不需要靠出汗调节体温,反而具有对盐摄入量的控制与渴求的机制，这也说明了人类是从盐分丰富的海洋中来的。

关于人类的起源，科学家总是呈现给我们各种说法，在最后的真相被揭开之前，我们无从知晓我们到底从哪里来，最终又将回到哪里去。

但是可以肯定的是，我们来自黑暗，也要去往黑暗。不管我们是来自丛林深处的人猿，还是海洋深处的海猿，黑暗早已镌刻在我们的基因里。我们潜意识里对夜晚的依恋，似乎在告诉我们白昼是暂时的，是反常的，黑暗才是永恒的、常态的，是我们来去的故土。

所以，我们个人的乡愁，是对文化的眷恋，而整个人类的乡愁，则是对人种起源的呼应，是对母体的依恋，这一切都在夜晚得到了最大的满足。

夜晚的质量决定城市的魅力

❖ ❖ ❖ ❖ ❖ ❖ ❖

那么对于一个城市来说,夜晚意味着什么呢?咱们从一部电影讲起吧。

2011年,美国导演伍迪·艾伦拍了一部电影《午夜巴黎》,讲一个美国人穿越的故事。

男主人公是个在好莱坞流水线上写媚俗电影的小编剧,也算是成功的,他有名有利有邀稿,没事的时候可以带着老婆和丈母娘去欧洲度假。但是他也有自己不为人知的烦恼,他对总是迎合市场写咋咋呼呼的程式化电影这件事厌烦透了,他有自己的野心,他要写文学巨著,写流传后世的经典剧本。

机缘巧合,他发现了一个秘密:每天午夜的时候,在巴黎小巷的某个转角处,都有一驾神秘的马车出现,马车门打开,里面有一些醉鬼召唤他,这些醉鬼穿着随意,憨态可掬,他们的面目似曾相识。小编剧感到冥冥中有什么在召唤他,于是他壮着胆子跳上马车,接着,发现自己被带回20世纪20年代的巴黎。

他对被穿越这件事并不排斥,甚至还有些兴奋,几乎是蹦蹦跳跳地冲进八九十年前的巴黎。因为他被带到那个著名的小酒馆,在里面把他文学艺术上的偶像几乎见了个遍。

20世纪20年代的巴黎乌烟瘴气，全世界的牛鬼蛇神都聚在这里。

这种说法当然是种调侃，因为你如果在巴黎的小酒馆看到海明威和菲茨杰拉德凑在一起勾肩搭背，看到毕加索躲在角落里厚着脸皮泡妞，看到达利因为卖不出画而愁眉苦脸，你会觉得待在这种"乌烟瘴气"的地方实在太幸福了，这简直就是全天下最令人愉快的精神鸦片啊。

那个时候的纽约还是个土气腾腾的暴发户，巴黎才是当之无愧的世界文化之都。

评价一个城市的实力当然要看它的硬实力，看它能不能在经济和科技方面走在时代前端。20世纪20年代的纽约无疑已经是全世界最富有的城市了。一战之后，欧洲大陆几乎被战火摧毁，到处都是残垣断壁的城市和支离破碎的心灵。但是纽约不一样，它隔岸观火，远离炮火的洗礼，在欧洲打得一团糟的时候悄悄崛起，吸引了大量不堪战争骚扰的资本和技术。

但是无论多么财大气粗，纽约依然被当时的文人骚客瞧不起，觉得它是个土包子，没文化。不仅欧洲人不肯来这里，就连美国人自己，但凡受了点儿教育，买得起船票，都要争先恐后地跳上前往欧洲大陆的邮轮。

对一个城市来说，你可以富有，你可以便利，你可以建全世界最高的大楼，开全世界都瞩目的会议，但是决定你的品位和格局的，是你的软实力。

什么是软实力？概括地说，城市软实力就是一个城市在非物质层面的竞争力。主要表现为城市对内的向心力、融合力和凝聚力，以及对外的亲和力、吸引力和影响力。

对伍迪·艾伦来说，20世纪20年代的巴黎就是全球城市软实力的最佳代言人。

而这无法量化的软实力到底落脚在何处呢？就在夜晚左岸的小酒馆和小咖啡馆里。

于是伍迪·艾伦安排电影里的主人公在夜色朦胧的小酒馆里邂逅他心目中所有的巨匠：菲茨杰拉德、海明威、毕加索、达利、马蒂斯。这些人来自世界各地，几乎就是当时艺术界的半壁江山，但是在夜晚的巴黎，你走进这个小酒馆，他们整整齐齐地都在。

还有什么比这个更能说明城市软实力的呢？一个没有迷人夜晚的城市是没有温度的，它和钢筋水泥没有分别，这就是20世纪20年代纽约和巴黎的区别。纽约的白昼更胜巴黎一筹，四处都是鲜衣怒马的人，有钱人都在纽约挥金如土，但是夜晚呢？虽然第一个白炽灯泡在纽约诞生，但是纽约夜晚的用电量难及巴黎项背。

夜晚的质量，决定了一个城市的魅力。

当你来到一个新鲜的小城，也许它只是地中海沿岸一个名不见经传的小地方，整个小镇除了几座中世纪的教堂之外别无吸引人的去处，可能大白天的街上还有骑着自行车的飞贼，以及姗姗来迟的大肚子巡警。

整个小镇人口不足一千，蓝得发绿的天空，一尘不染的小巷，刚刚接触时你会觉得美不胜收，可是很快就被慢节奏的日常生活消磨，你空得发慌的大脑昏昏欲睡。

终于到了夜晚，一个接一个的小酒馆飘出音乐，不管是热情的西班牙"萨拉班德"，还是忧伤的黑人"布鲁斯"，抑或悠扬的法国"西昆斯"，仿佛岁月的叹息一样轻轻叩打你的灵魂。你知道，你找到了跟这个城市最好的交谈方式。风景是一个城市的皮囊，夜晚才是一个城市的灵魂。

村上春树可以说是最懂得午夜巴黎滋味的人了。这个长相平凡的东方人，有一颗敏感而不安分的心，他的日常生活，不是在写作，就是在前往小酒馆的路上，或者，他干脆就是在小酒馆里写作。

1983年，村上春树离开日本，开始在世界各地漫游，准确地说，他开始在世界各地的小酒馆里漫游。他去了希腊、意大利、土耳其、俄罗斯，还有中东。一个地方值不值得多待几天，取决于这个地方是不是有间有意思的小酒馆。

这个日本人曾经说过：一个城市如果没有小酒馆，就不算一个真正的城市。

他的写作也永远离不开爵士乐、摇滚、烟、酒、猫。每一样都让人想起温存的夜晚。在这些小酒馆夜晚的交织下，一个气质内敛的日本男人变成了我们熟悉的村上春树。

没有一个作家像他这样痴迷于夜晚的城市，吸引他的不是灯红酒绿、车水马龙，而是文化意义上的释放。从这个层面来说，城市只分为美丽和平淡两种，不存在巴黎、东京或者纽约的分别。

20世纪90年代，英国曼彻斯特市出台了文化战略研究报告，他们非常鲜明地宣称："21世纪的成功城市将是文化城市。"伦敦前市长肯·利文斯通在当选之日对选民说过："我的愿景就是把伦敦建设成为榜样式的、可持续发展的世界级城市，而伦敦文化发展对于实现这一目标至关重要。"

时至今日，当经济高速发展已成为全球城市发展的共识的时候，越来越多的人也意识到，一个城市胜于其他城市的魅力所在，是它的文化。

而你很难相信一个夜晚死一般寂静的城市拥有文化。

文化是风情，如美丽女子，白天她小衣襟、短打扮，奔走在职场，没有性别地投入到滚滚红尘之中，仿佛置身战场。只有在夜晚，她才烈焰红唇，裙裾飘飘，尽情绽放，风情万种。

看一个城市，要看夜晚，一个夜晚不美丽的城市，是没有灵魂的。

第二章
Chapter 2

夜晚与技术——从电气革命到互联网浪潮

◆

✦ ✦

经济学上的新轴心时代已经到来了,创新成为轴心中的轴心,不仅仅是技术上的创新,也包括观念上的创新。从这个意义上来说,我们这本书要讨论的夜晚和白天是没有分别的。甚至,夜晚创造的GDP是完全可以和白天相抗衡的。

✦ ✦

三个"普罗米修斯"带来电

✦ ✦ ✦ ✦ ✦ ✦ ✦ ✦

人类对夜晚即使有如此割舍不掉的情结，但是夜晚一直以来就是神秘的、被埋没的，根本无法被尽情利用。它隐藏在厚重的面纱之后，没有人能看清它的真面目。太阳隐去，黑暗降临，人类的眼睛就好像被蒙上一层黑布，伸手不见五指，根本无法享受夜晚，更别说亲近了。

人类拥抱黑夜，离不开技术的支持。第一个技术支持是电气革命，电灯的产生让黑夜跟白天一样明亮，这无疑开启了人类的另外一双眼睛。而现代的科技革命，是第二次技术支持，它让黑夜跟白天一样活跃，充满各种可能性。

我们不妨介绍一下这两次革命，看看它们是如何拉近我们和黑夜的距离的。

我们有熊熊燃烧的篝火，之后，我们还有了蜡烛、煤油灯、鲸油灯，但是这些照明工具的质量堪忧，作用十分有限。它们发出的光昏暗、孱弱、摇摆不定，任何一个人在这样的灯光下待久了，都会有昏昏欲睡的感觉。而且它们还不好控制，稍不留心就会让人烧伤、烫伤，甚至引起火灾。

一方面，人类在昏暗的灯光下，借助莹莹之光，一点点增加夜晚的利用率；但另一方面，烛火并非完美的小太阳，它们是一群不好驯服的小野猫，一直不能称心如意。这是半成品的夜晚。可是，这一切都因为电灯而改变了。

电灯的到来，就像铁路和电报一样，明显地改变了亿万年来时间和空间的一贯节奏，夜晚一下子揭开了她的神秘面纱，露出藏在下面的绝色容颜。英国小说家罗伯特·路易斯·史蒂文森曾经饱含深情地写道：

> 一个社会性和公众性享乐的新时代开始了，普罗米修斯的工作又被大大地推进了一步，人类的晚宴不再任凭几英里的海雾所摆布，日落后人行道上也不再空旷无人，白天随着人们的意愿而延长了。城里人有了他们自己的星星，听话的、家庭化的星星。看到人们如此与日月争辉，真是让人高兴。

你看，对我们来说司空见惯的东西，在其诞生伊始是那么令人激动，小说家都快语无伦次了。

而电灯不是横空出世的，它是在人类对科学孜孜不倦的探索中，一点一点被发明、被运用的。

这个时候，我们不妨把眼光放得远一些，从电的发现说起吧。

中国神话传说中有雷公和电母，他们是夫妇二人，掌管天庭雷电。据说雷公的视力很差，几乎看不清东西，所以他的夫人电母只好寸步不离。她是个捧着大镜子的妇人,每当雷公准备打雷的时候,电母都要举起大镜子,先行探照,一道闪电过去,人世间的是非善恶都清清楚楚。雷公借助这点儿光明一下子看清目标,迅速出手,一个炸雷,坏人就被劈开了。电是多么重要,如果没有先行的这点儿光亮,雷公劈死谁就是个没准儿的事情了。

所以当现代科学带来电能概念的时候,中文用"闪电"中的一个字来命名它,称它为"电"。

英文的"电"(electric)是来自什么呢?很明显不是来自闪电,英文中的"闪电"(lightning)的词根是"光"(light),而"电"(electric)的命名则来自希腊语中的"琥珀"(electron)。

公元前600年,古希腊杰出的哲学家和天文学家赛勒斯观察到一个现象,当他用一块布快速摩擦琥珀时,这块橘黄色的宝石似乎有了魔法,周围的那些轻的物体,如羽毛、稻草或者叶子都向它飞过来,黏在琥珀上面,然后又轻轻离开、飘走。

琥珀这一刻有了磁石的性质,但是很明显,琥珀不是磁石。

赛勒斯是个有好奇心的人,虽然没有做进一步的研究,但是他饶有兴趣地把这一现象记载下来了。

正是因为有了这么一条远古的记载,大约两千年后,现代科学在发现了"电"之后,决定追本溯源,用"琥珀"的名字来命名它。

在电学研究源头上,站着三个巨人,他们分别是威廉·吉尔伯特、冯·格里克和斯蒂芬·格雷。

1600年，伦敦出现了一位备受尊敬的医生兼哲学家威廉·吉尔伯特，他是女王伊丽莎白一世的御医。那个时候，现代医学还没有起步，医生的主要功能跟剃头匠差不多，只要会使刀。不同之处在于，剃头匠用刀来刮头发，医生用刀来放血。因为面对的情况更加复杂，医生还要学会用笃定的态度来给病患做一些心理上的疏导，于是大部分的医者都通巫，要神神道道的才是名医。

这一传统直到今天也不曾被完全抛弃，就算中医，也多半精于此道，诊脉这一件事就有玄学的道理在里头。因为人本身就是精神和肉体的双重系统，不能抓一手放一手，实在不行了，就把一切都推给冥冥中的神秘力量，中医会说："人有寿限，阎王有个小本子，请您节哀顺变。"西医会说："亲爱的女王陛下，请您向万能的上帝祈祷吧，这个最管用了。"

吉尔伯特医生无疑具备朴素的科学精神。他受困于时代的局限性，没有办法在医学上做出划时代的成就，虽然成为女王的御医也已经是了不起的成就了，而且他还当上了皇家医学院的院长，一辈子衣食无忧。但是吉尔伯特医生并不满足，他利用自己大把的空闲时间，做了另外一件事情，什么事情呢？他命名了"电"。

当时英国海域辽阔，是海上强国，女王伊丽莎白一世雄才大略，要求臣属积极开脑洞，想想怎么才能开发出跟葡萄牙和西班牙抗衡的海盗掠夺系统。大英帝国也想欺行霸市啊，所以一大批科学人员投入到改进航海技术的大业当中来。

吉尔伯特医生闲暇之余也致力于研究地球磁场，还有指南针导向的理论。得益于女王陛下身体健康，不需要医生，他有了很多时间做科学实验，他重复了赛勒斯的琥珀试验，进一步发现琥珀、磁石和各种物质的奇异吸引力。他发现除了琥珀之外，玻璃、水晶石、硫黄、蜂蜡和一些矿石，在经过摩擦后都可以带电。

正是这位医生造出了"电力"（electric）这个词，他非常文艺范儿地借用了希腊语中的"琥珀"(electron) 一词，让"电"在诞生的那一刻起，就具备了透明、平安、漂亮的属性。虽然现在我们知道，电的能量巨大，是个猛兽，绝没有琥珀那么易于把玩。

吉尔伯特医生在电学领域的重要突破和贡献是，他发现，除琥珀之外，大量的坚硬材料在摩擦后都能够带电。

今天看来，这是非常简单的道理，但是在科学的源头，这是划时代的发现。因为这说明电是可以产生的。

电不再是电母拿着可疑的大镜子在天上惩恶的工具，也不是万神之王宙斯独享的神功，相反，电是可以被产生，被制造的。只要你有一块琥珀，擦一下，你就是电母了。听起来，人如上帝一般，可以制造电了。

吉尔伯特医生之后，下一位普罗米修斯是一位市长阁下。

此时距离吉尔伯特医生发现电是可以产生的已经过了半个世纪了。冯·格里克市长出现了，他是神圣罗马帝国的一个小城市马格德堡的市长。他勤勤恳恳，但是运气不大好，接手马格德堡的时候，这个小城市已经千疮百孔。1631年，瑞典人把它夷为平地，于是，这位兢兢业业的市长致力于重建这一被蹂躏的城市。

可想而知他的压力有多大，平常没事的时候，他就靠钻研天文学给自己解压，他发现，这个给了他无穷的平静和乐趣。

他用硫黄球做了一个地球仪，像婴儿的头那么大，他把它放在一个坚固的木制框架上，用一个附带的手柄让其旋转。当这个旋转的硫黄球受到摩擦的时候，它就成了一个带电体，并且能吸引，继而排斥许多轻的物体，典型的是羽毛。

这位顽皮的市长非常喜欢做的事情就是拿着一个旋转的地球仪跟他的客人逗乐。他边走边旋转他的地球仪，用它来稳稳地推着前面的羽毛，直到把羽毛引向客人，粘到他的鼻子上，然后市长和客人都开怀大笑，借此打发无聊的时间。

当市长的硫黄球快速转动的时候，大家发现，它竟然还发起光来，甚至喷射出火花。

这个著名的地球仪试验证明了一件事，那就是人类能够创造出相当数量的电。

虽然这个时候人们连正负电荷都搞不清楚，更别说发现电的本质奥秘了，但是这也是电学研究的一大进步。直到18世纪早期，人类用来做实验或者消遣的时候，用的基本电源，都是一个类似地球仪的东西。

一百多年后，另一位承前启后的人物登场了。他就是第三位普罗米修斯——英国人斯蒂芬·格雷。

格雷先生出生于一个染匠之家,他酷爱天文学,并决定把它作为自己的毕生爱好。于是,他一边从事着染匠的工作,一边研究天文学。他是一个认真勤劳的人,染了不少布料,也发了不少天文学报告。

剑桥大学的教授们惊叹于这个不知道从哪里冒出来的染匠竟然不停地发表天文学报告,而且坚持很多年。教授们被他执着的探索精神打动,终于在格雷先生41岁的时候,让他去三一学院的天文台上班了。成为知识分子、不用再染布的格雷非常开心,全身心地投入到有关天文学和航海术的探索当中。

1729年,他开始研究能将"电流"送出去多远的问题,虽然他也不知道这到底有什么用。实际上就算到了富兰克林在天上放风筝的时候,人类也不知道电力到底能干什么。人类只是凭借着对真理的渴望、对自然的好奇心,苦苦奔波在发现电力的道路上。人类就是觉得电的真相就在不远的前方,必须找到,仅此而已。即便富兰克林在放完风筝,激动万分地写下自己的发现时,也不忘提一笔:"虽然很令人激动,但是这玩意儿到底有什么用啊?"

但是没有人停下追寻的脚步,因为人类对科学的追求源于他们的好奇心和求知欲,是本能的驱使,与实用主义并无直接关联。

1729年的时候,格雷先生开始研究导电材质。他用一根带电的玻璃管测试了许多物质,发现用作普通包装绳的金属丝导电效果最好,可以用它把电传输52英尺(约16米)。之所以不能传得更远,是因为他的实验场地不够大。

1729年6月,他去了一个富有的朋友家做客,这位土豪朋友的庄园地处乡下,有非常空旷的院子,这是绝好的实验场地,格雷在这里把电传到756英尺(约230米)那么远。格雷被这一结果鼓舞着,有条不紊地开始测试其他物质的导电性能。

在测试的过程中,格雷还发现一个现象:如果你悬挂起一根由丝线穿过两端的铁棒,并让它与一根带电玻璃管接触,它就会短暂地释放出圆锥形的光,就是电火花。这可是一个令人吃惊的结果,格雷进一步猜测,强烈的电火花所发出的声音,与雷电产生的声音并没有什么不同。

但这些试验跟格雷之后的实验相比都弱爆了。因为接下来,格雷做出了那个著名的、令人难忘的,也被人们津津乐道了好多年的实验,证明了人体是可以导电的。这就是大名鼎鼎的"导电男孩"实验。

1730年4月8日,格雷搞了一场实验秀。他制作了一个牢固的木架,用结实的丝绳吊着一个重47磅(约21千克)的男孩。男孩的全身被不导电的布料厚厚包裹着,只露出头、手和脚趾,伸出的一只手里握着一根短棍,上面悬挂着一个象牙球。这个大无畏的男孩大概是修道院资助的学生。

当格雷从后面用一个带电的玻璃管或者小瓶去触碰男孩裸露的手脚的时候,电就会传导到男孩的头部。所有人都看到,男孩的头发根根竖起,好像拼命生长的小草一样。与此同时,在男孩身下的三堆如羽毛一样轻的铜片,升起来,又落下去,像三团美丽的云。

因为当时能够产生的电能还非常有限，所以参与实验的人都活得好好的，没有发生意外。

格雷用实验证明了人体是可以导电的，如果一个人以这种姿势站在一块导电材料上的话，就会发出明显的电火花，并产生电击的感觉。

但是这些实验和发现有什么用呢？其实并没有什么用。除了被喜欢猎奇的人用来给女士送上"带电的吻"，或者爱开玩笑的法国主人将金属丝缠在餐椅上，让客人一边享受轻微的电击，一边惊诧地发现自己的叉子上竟然有电火花。这都是当时贵族圈里的时髦小把戏。幸好那个时候高电压的交流电还没有被发明，微弱的电流刚刚够人们做些无伤大雅的恶作剧。

电到底有什么用？只是我们的娱乐调剂品吗？只是我们生活的小点缀吗？这个能量巨大的怪兽，仅仅被用来一些小把戏的调趣，难道不是太可惜了吗？

电如何派上更大的用场？我们来谈一谈下一个重要的历史飞跃吧。

留住电，照亮夜

✦ ✦ ✦ ✦ ✦ ✦ ✦ ✦

格雷先生的"带电男孩"实验让整个欧洲大陆目瞪口呆。当时整个欧洲正处于启蒙时代，哲人和学者们都专心致志地观察着他们周围的自然世界，提出一个又一个理论，来解释那些过去一直被认为是理所当然的、没有引起重视的或者只用神力和魔力去解释的现象。

人们从吉尔伯特医生那里知道了电的存在，从格里克那里学会了制造和操作能更有效产生电的发电器，从格雷那里知道了哪些物质是导电的，电可以传输多远。

这个时候大洋彼岸的另外一个才华横溢的学者对电能也产生了浓厚的兴趣，他就是伟大的本杰明·富兰克林。

1746年的春天，富兰克林写信给他的朋友说："我从来没有对任何研究这么投入过，最近，我把全部精力和时间都倾注到了对电的研究中。"

富兰克林这时候40岁，对自然科学有着异乎寻常的热爱。他留着棕色的披肩长发，穿着平常的马裤和长外衣，他喜欢一切与自然科学有关的研究。他是如此痴迷，以至于把自己的小房子变成了电的展示厅，同时也是他的印刷厂、图书馆和实验室。

好奇的邻居和路人常常挤在他家的窗户上，观看富兰克林用快速旋转的玻璃圆筒来产生电，以及捕捉那些闪烁跳跃的电火花。他还用轻巧的铁丝做了一个小蜘蛛，把它放到电场里，它就会转圈跳起舞来，就好像活的一样。

富兰克林第一个宣称：不同类型的电并不存在，就好像众人所相信的那样，只有一种基本的、带有正负极的电流。

跟以前的哲学家一样，他还推测，闪电没有什么神秘之处，就是大量的电击。但是怎么才能证明呢？富兰克林想到一个大胆的法子。

在一个电闪雷鸣的天气里，那个著名的实验上演了。他领着儿子在倾盆大雨中放风筝，这是一个用丝巾做成的简单的十字风筝，在风筝顶端粘连着一根金属丝作为导体，底部则系上了一根麻绳并连着一根丝带（已知是不导电的），在麻绳和丝带的链接处，挂了一把金属钥匙。

他把风筝高高地放在电闪雷鸣中，任凭它在狂风暴雨中飘摇。他躲在一旁观看，发现原来松弛的麻绳向上伸直不断绷紧，好像带了电一样，便小心翼翼地伸出手指去触碰那把钥匙，这时，他看到了一个清晰的电火花。真是幸运，这次雷电没有直接击中他的风筝，所以富兰克林可以活蹦乱跳地回来发表他的观察结果。

一年之后的瑞典科学家乔治·里奇曼就没有这么好的运气。他在雷阵雨中举着一根电极站在高处，然后毫无意外地，他被雷劈了，当场死亡，成为电学实验中第一个为科学献身的人。

在那个炎热的夏末下午，当富兰克林的风筝在倾盆大雨中摇曳直上的时候，他有了制作避雷针的想法。虽然后世的人们总是在怀疑，风筝实验是不是真实发生过，就跟怀疑华盛顿是不是砍过樱桃树一样。历史故事总是充满了似是而非的演义，但毫无疑问的是，富兰克林发明了避雷针。

翻开人物辞典，你会发现对富兰克林的评价是这样写的：

> 本杰明·富兰克林，美国政治家、物理学家，同时也是出版商、印刷商、记者、作家、慈善家，更是杰出的外交家及发明家。他是美国独立战争时重要的领导人之一，参与了多项重要文件的草拟，并曾出任美国驻法国大使，成功游说法国支持美国独立。他还曾经进行多项关于电的实验，并且发明了避雷针，最早提出电荷守恒定律。他还发明了双焦点眼镜、蛙鞋等等。本杰明·富兰克林被选为英国皇家学会院士，他还是美国邮政局首任局长。

他多才多艺的本事都快赶上达·芬奇了。法国经济学家杜尔哥曾经这样评价过富兰克林：从苍天那里取得了雷电，从暴君那里取得了民权。

这句话极好地概括了这一伟大人物在自然科学领域和政治上的贡献。

由于富兰克林的杰出实验，同时代的电气工程师们清楚地知道了闪电就是电，和人们用发电器产生出来的一样。富兰克林一时成为显赫人物，走到哪里都有粉丝围绕。但是富兰克林却很谦虚地懊恼着："真遗憾，迄今为止，我们还没有在这方面创造出什么对人类有用的东西。"

但是富兰克林的研究让人们看到曙光，激励着成百上千的科学家投身到电力研究当中来，在他们中间就有来自帕维亚的物理学家亚历桑德罗·伏特。他发明了电池。

伏特是一个没落贵族的儿子，他总是很严肃，胡须修剪得干净利落，一头黑发稀薄凌乱。自从加入了伦敦声名赫赫的皇家学会之后，他一直有条不紊地对各种不同的金属进行测试，并用他那灵敏度很高的验电器测试它们的电荷，由此确定它们是正的还是负的。

根据仔细观察到的关于材料是否导电的知识，伏特将一对一英寸宽的铜极片和锌极片堆集组合起来，再一片铜、一片锌地交叉叠放，之间用一片被盐水浸泡过的布或纸板隔离开来。

当这些极片都互相连接起来时，铜极片就会释放出电子到浸有盐水的布上，而锌极片则从这同一块湿布上获得电子。当锌溶解时，在铜片表面就生成了氢气，其结果是电荷沿着导线直接以持续不断的电流形式传了出来。

这个电化学反应产生的是稳定的人造电流，这就是最原始的电池雏形，它传输的是连续的、稳定的电荷。

伏特称他的电池"可以不停地工作，它的电荷在每次爆发之后可自己重新产生"。实际上，当伏特电池的含盐液体干涸，或者金属全部溶解之后,电池也会停止供电。但这个电池已经是开拓性的成果了,全欧洲和美国都在啧啧赞叹,谁也没见过这样的东西。同时代的人形容这个电池"是人类之手制造出来的,除了天文望远镜和蒸汽机之外,最了不起的设备"。

而人们也将表示电压的单位以"伏特"来命名,通过这种方式永远记住了他。

这之后的伏特变得著名、富有,大概也就此懒惰下来,在进一步改进电池,或者其他电学领域中就再也没起到什么重大作用了。

但是其他的科学家争相去建造更大、更强、更持久的电池。

这时,一个小插曲出现了,电灯(技术意义上的)出现了。

汉弗莱·戴维是一名年轻的化学家,他英俊潇洒、精力充沛。他制造了一个足够大的伏特电池,用以进行电学的研究。在他的研究中,最令人惊叹的是弧光灯。

1809年,他做出了一生中最精彩的演示。他手举两根用作导体的碳棒,将一根碳棒与强大的伏特电池相连。当电由第一根碳棒传导出来的时候,戴维将这根碳棒与第二根碳棒的顶端相连,一个耀眼的电火花闪现在两点的相接处。令在场的人们目瞪口呆的是,当戴维将这两根碳棒稍稍拉开的时候,火花变得更大了,而且电就在两根细长碳棒之间的炫目弧光中传送着。蓝白色的光直到碳棒耗尽才消失。

日后商用弧光灯的诞生就脱胎于戴维的这次实验,但是,这个时候还没有支持弧光灯的经济有效的电池，所以，弧光灯的诞生还要再等上一段时间。

我们继续说电学研究。到了1820年的时候，又一个跨时代的发现跃到人们眼前：电流产生磁场的理论被发现了。

一天，43岁的汉斯·克里斯琴·奥斯特用伏特电池准备给班上的学生做电学演示，无意中发现桌子上的指南针在胡乱摇摆，而当他把导线靠近指南针的时候，指南针的反应就会更强烈，疯狂摇摆，好像附近有一个强力磁场一样。

眼前的这一幕给奥斯特教授留下深刻印象，这堂课结束之后，他就开始研究其中的奥秘。

同年，奥斯特教授用拉丁文发表论文，向整个世界宣称，电流不仅可以产生磁场，还可以借助这个磁场产生力。

这篇论文在欧洲的反响很大，大家纷纷发出又一个天才诞生的感叹。

但是巴黎的数学教授安德烈·马里·安培却不这么认为，他对奥斯特的实验持怀疑态度。安培认真地重复了奥斯特的实验，然后发现原来自己怀疑错了，奥斯特是对的，电流的确能产生磁场，而且磁场的强度随着电流强度的提高而加强。

这时另一个重要人物登场了，他是一位化学家的助手，他年轻、英俊、温柔，更像是一位学校的浪漫诗人。他就是迈克尔·法拉第。

法拉第出身贫寒,他生在一个铁匠之家,12岁就结束了自己的早期教育,给一个书本装订工当了七年学徒。一个好心的顾客送给他一个化学讲座的听课证,从此年轻的法拉第走上了科学研究的道路。从法拉第后来对人类做出的贡献来看,这位好心的顾客简直就是上帝。

开始科学研究之后,法拉第就展现出了在自然科学领域的卓越才华,他在32岁的时候已经是英国皇家协会的会员。仅仅一年后,也就是他33岁的时候,他被任命为英国皇家学院的实验室负责人。有才华的人很多,像法拉第这样有才华还努力的人却很少。

同时代的人评价他的时候,用的措辞是:"他将坚强的意志力和完美的灵活性结合起来,他的驱动力就像一条河,他把力量和方向结合起来,并兼有适应弯曲河床的能力。如果他主攻一个课题、等待结果,他绝对有能力保持自己的头脑清醒。"

这是一个精力旺盛的科学家,他仔细研究了奥斯特和安培的实验,经过多年的探索,他发明了世界上第一台发电机。

他将一个简易的铜制圆盘安装在轴上,使它可以在一块有两个相反磁极的永久磁铁之间旋转。铜盘的一侧有一根导线通过那根轴连接到一个检流计上,同时另一根导线从检流计连接到一个金属导体上,这个导体对着铜盘的边缘,也被铜盘支撑着。当铜盘旋转的时候,扰乱也改变了磁铁的磁场,这个时候一个连续的电流产生了,检流计明确地捕捉到了它。

法拉第在当天的实验室日记中写道:"因此在这里证明了,通过一个变化的磁场，可以在一个封闭的回路中产生电流。"

1831年11月24日，法拉第在发给英国皇家学会的论文中描述了自己的发电机，跟所有伟大的科学家一样，他非常谦虚，形容他划时代的发明——世界上的第一台发电机是"一个新的发电机器"。

奥斯特证明了怎么用电来产生磁，而法拉第则展示了电磁效应的另外一面，甚至是更为神秘和重要的一面——怎样用磁来产生电。

不可思议的是，那时候谁也没能预见到它那非同寻常的意义，因为没有谁能想到这就是现代电气工业的基石！

伏特在发明了电池后就停滞不前了，而法拉第在接下来的15年里，在电学研究中继续突飞猛进。他进一步阐述了有关电磁感应的磁力线和电流、磁场以及穿过磁场的运动之间的互相关系。他还阐述了电的电化学本质，解决了长期有争议的问题，即由闪电、电池以及发电机产生的电是否具有相同的属性，结论是肯定的，它们确实相同。

同时代的传记作家是这样描述法拉第的：他的多才多艺、独创性、聪慧、想象力和充足的耐力，实在令人敬佩。

弧光灯升起夜晚的太阳

✦ ✦ ✦ ✦ ✦ ✦ ✦ ✦

对电的探索一直没有停止,与此同时,城市照明工具也在进步。时代在发展,不知不觉中,廉价方便的煤气灯取代了鲸油灯和蜡烛,成为都市住宅、办公室和一些工厂的照明设备。

煤气经由地下管线,从中心气站输送到大楼和人行道,因为原理同水管一样,所以一旦煤气管道铺设完毕,沿线的煤气灯就可以被轻而易举地架设,很快,煤气灯开始在大城市里普及。

煤气灯取代了由来已久的油灯和蜡烛,它更方便、更明亮。但是发明家和企业家并没有满足于此,他们更加努力地寻找新的技术,因为煤气灯的缺点也是显而易见的:第一,每一个煤气灯都必须单独点燃、熄灭;第二,它的光芒不够稳定;第三,煤气灯与蜡烛在形式上并没有本质不同,只是燃料不同,还是以火焰的形式产生光芒,这在炎热的夏天尤为难以忍受,谁也不想在炎炎夏日里给自己生几个这样的火盆;第四,煤气燃烧过程中会产生微量的氨、硫以及二氧化碳,时间长了,不仅明显地熏黑了灯罩,也污染了室内环境,如果房间狭小、人多拥挤,空气很快就会变得浑浊缺氧。

电气研究进步之后,人们打起了弧光灯的主意。弧光灯明亮、干净,光芒覆盖范围广,科学家们苦思冥想,难道就没有可以让它实际应用的方式吗？

英国人用大电池建造了几个独立的、偏僻遥远的弧光灯照明房，不服输的法国人也在积极实验。

事实上，人们已经相信，只要持续努力，夜晚的太阳必将升起，这个太阳是那样的逼真，以至于小鸟也会从沉睡中醒来，在人造光中欢唱。

电力产生的弧光灯的光谱确实与日光很相近，它柔和、稳定，与煤气灯、油灯或是蜡烛所产生的闪烁摇曳的灯光有着根本的不同。不过要使弧光灯能够商用，它必须具有更简单、更完美的设计，更关键的是，它需要一个实用的发电机。如果用电池的话，这不是一个可取的解决方案，因为这意味着，它的成本将比蒸汽机发出的电高上20倍，用脚趾头都能算出，这并不经济，根本没有办法跟已经普及的煤气灯竞争。

发明出一款真正实用的发电机，这才是人造灯光脱颖而出的关键。

终于，一个真正实用的发电机出现了，这个时候距法拉第演示他划时代的"发电器"已经过去35年了。这期间，很多科学家和发明家将自己的聪明才智投入其中。但是最终获得成功的是比利时工程师泽诺布·西奥菲勒·格拉默。他设计出了功能强大的直流发电机，而且同样重要的是，他又发明了电动机。

有了格拉默的发电机，弧光灯应用的时机也就成熟了。1876年，俄国军事工程师保罗·雅布罗科夫做出了一个商用灯具，被大家称为"雅布罗科夫蜡烛"。它发出来的弧光比早期那种强烈的光柔和多了。这个"蜡烛"配有两根高高的被一层陶瓷隔离开来的细碳棒，它们既绝缘又相连。不用机械操作，一旦开始，碳棒就会持续燃烧，直到烧尽。每一根碳棒大约可持续两个小时，但是一串碳棒就不一样了，它们一根接一根串起来，一根烧尽时，下一根就会被自动点燃。

"雅布罗科夫蜡烛"比传统的弧光灯有优势，因为它搞接力赛，可以运行 16 小时之久。

尽管有很多优点，但早期的弧光灯用起来还是比煤气灯要困难得多，因为它太刺眼了，所以只适用于面积大的场所，比如广场、大道、百货商场、火车站、马戏场、建筑工地、码头和工厂等等。这些弧光灯需要竖起特殊的塔形电极，以便让强烈的光线不会影响视觉，毕竟没有人希望点个灯就把眼睛搞瞎。

弧光灯的缺点是显而易见的，有人阴阳怪气地吐槽弧光灯说："这简直是荒谬的、不可思议的，看看它们对眼睛的害处吧，这简直就是一个制造噩梦的灯！像这样的灯，比较适用来照亮谋杀场地，或者精神病院的走廊，这是一个制造恐怖的灯。看它一眼就会转而爱上煤气灯，在它的陪衬下，煤气灯显得那么可爱，因为它给人们温暖如家的感觉。"

但是，法国政界人士和商界人士并不同意这个看法，他们才不理会这些保守主义的陈词滥调呢。是时候拥抱新技术了，科技的脚步什么时候被阻挡过？特别是喜欢标新立异的法国人，他们毫不畏惧地架设弧光灯。到了1878年的时候，长达半英里（约800米）的最高贵的剧院大道也被弧光灯照亮了。被照亮的还有巴黎其他的主要场地，包括罗浮宫和夏特莱剧院。

一位访问巴黎的游客为弧光灯那富丽堂皇的明亮色彩而倾倒，他惊呼："整个街道，连最高的屋顶，都被一片光柱照得通明，这街道就像歌剧中某个壮丽的演出场地。"

在遥远的大洋彼岸，爱赶时髦的美国人也不甘示弱。科学家和商人们对弧光灯产生了浓厚的兴趣，在"雅布罗科夫蜡烛"面世之后，美国人就开始各种较劲，致力于推出某种可与之相媲美的灯光。竞赛开始了。人人都激动万分，希望找到能够照亮黑夜的最完美的灯光。

北方的商人们首先改进了弧光灯系统，1876年在费城举办的百年展览会上，很多著名的展品亮相了，其中有1400马力的科利斯蒸汽机，还有爱迪生的令人眼花缭乱的最新式的电报机。

来自美国康涅狄格州的铜厂老板威廉·华莱士展示了他设计的三种弧光装置，它们的电能是由美国人设计的第一台发电机提供的。这一设计吸引了很多人的眼球，其中包括来自宾夕法尼亚大学的乔治·巴克教授。这位教授也许对电气科学并不了解，但他有一个特殊的身份，他是爱迪生的挚友。

巴克教授被华莱士的弧光灯闪得激动万分，他莫名感到一种冲动，他觉得自己有责任让一个人参与历史了。

这个人就是爱迪生。

电灯为不夜城插上翅膀

✦✦✦✦✦✦✦✦

在这一时期的美国,弧光灯的主要制造者除了华莱士之外,还有一位年轻的化学家——查尔斯·布拉什。他抢在华莱士之前占领了市场,到1878年秋天,他已经在波士顿百货公司的服装商店里装上了嘶嘶作响的、闪瞎眼的弧光灯。

这个时候爱迪生对电灯并不感兴趣,他的全部精力还放在发明电报机上。但是他的老朋友巴克教授确信,对于爱迪生来说,电力照明将是另外一个出成果的领域。他先是给爱迪生写信,送去大量有关人造光的最新报告,希望激发爱迪生的兴趣。但是爱迪生明显不为所动。

巴克教授于是亲自上门"骚扰"。在1878年9月8日,这天是星期日,巴克教授陪着爱迪生来到华莱士的大型黄铜制造厂。天气非常寒冷,爱迪生、巴克,还有一位《纽约太阳报》的记者一起在猎猎寒风中下了火车。

这是爱迪生第一次有机会亲眼看到华莱士著名的8马力蒸汽发动机,这台机器能同时点亮八盏弧光灯。爱迪生一见之下,为之倾倒。他欣喜若狂,从机器到灯,又从灯到机器,来回跑着。他平躺在桌子上,像个天真的孩子,脑子也不闲着,飞快地做出各种各样的计算。

他估算了机器和灯的功率，传输过程中可能的损耗，用这设备分别在一天、一星期、一个月、一年里能节省的煤的数量，以及批量生产可节省的煤的数量。

巴克教授的计谋得逞了，爱迪生确实疯狂了，为人造光源痴迷不已。

爱迪生对他的竞争对手华莱士说："我相信，我会在电灯制造上击败你，我觉得你的研究方向不正确。"

华莱士是个性格温和的人，很讨人喜欢，虽然他已经研究弧光灯很多年了，比爱迪生更了解这一领域，但是，他还是伸出手来，和爱迪生握了一下，表示"我们不妨就比试一下吧"。

爱迪生的工作室成立于1871年，位于新泽西的门罗公园，那里是一处安静的、田园般的所在。爱迪生充满了雄心壮志，他计划"十天一小发明，半年一大发明"，全身心地投入到创造发明中来。在他的生活中，除了工作没有别的。他在门罗公园工作室夜以继日地工作，冥冥中似乎有个声音在鼓励他制造出更好、更实用的电灯。

他的工作热情很高，为这个新领域里可能发生的事情而激动不已，他是这么认为的："这就是摆在我面前的一切，我看见的东西并未走得很远，我还有机会。我看到的那些已经做完的东西，从来没有过实际效益。因为这些强烈的灯光没有被细分，所以也不适用于家用。"

爱迪生是个对时代脉搏把握特别准确的人。在测试华莱士的弧光灯的时候，他已经领悟到了，华莱士的发电机既有巨大的潜能，但同时又限制了弧光灯的亮度。所以谁能造出最好的电弧灯系统，谁就有机会从煤气灯那里抢走10%的街灯生意；如果有人能够优化这种灯，让它进入室内，并变成真正柔和的光，而且只用一个发电机带动，那么这个人就是真正的普罗米修斯，是为人类造福的划时代的巨人。

一场用电照亮家庭和办公室，以及给新工业社会的机器寻找动力的竞赛，已经在美国，不，是在全世界开始了。

爱迪生出生在美国的一个普通家庭，他的父亲没有固定工作，当过售货员，干过房地产，进过卡车工厂，他的母亲是一名普通的家庭主妇。爱迪生小时候没有受过什么正规教育，只从曾经做过教师的母亲那里学到了有限的知识。

但是他从小就有旺盛的求知欲，爱别出心裁，没事儿就喜欢摆弄机械，还喜欢琢磨化学实验。他曾经在做实验的时候意外地发生了一场爆炸，差点儿把房子炸飞。

13岁的时候，爱迪生成为大干线铁路公司的报童。他工作努力，不断进取，当时他每月的工资是1美元，但是他用2美元交了底特律公共图书馆的阅览费，没事儿就泡在图书馆里，看遍了他能找到的所有科学书籍。

1863年，当他年满16岁的时候，他的天资充分显现出来了，在刻苦学习了18个小时之后，他拿到了摩斯电码证书。当时美国正在进行南北战争,电报需求迅猛增长,于是爱迪生的人生开挂了:工作、发明、发财,一路光明。

在没有接触电灯之前,爱迪生的主要工作是在电信领域。他投身电报、电话和留声机的研究,成为当时最杰出的掌握电信知识的巨人。

爱迪生是一个脚踏实地的人,任何研究和发明,在他这里都必须以"物以致用"为前提。有人在采访他之后这样写道:"爱迪生追求实用和经济效益,每当一个新想法出现,他总是自问,这对工业是有价值的吗?它是否比现有的更好?"正是这样的实用主义,让爱迪生成为一个发明家,一个商业巨头,而不是一个科学家。但历史就是这样,我们需要在知识的海洋中不断探索的学者,也需要精力旺盛的实干家把那些理论转化为造福人类的成果。

1877年那个秋天,爱迪生跟华莱士打了一个赌,爱迪生认为他可以发明出比弧光灯更完美的人造灯光。从那以后,爱迪生就好像一个开足马力的小马达,将自己的全部才智投入到电灯研究当中。

爱迪生不分昼夜地工作,虽然他的工作室离家只有几步远,但是他很少回家吃饭,只是胡乱塞些食物,多数是苹果馅饼。而他的大多数员工都干脆住在工作室对面的宿舍。他们都是一群工作狂。

其实,不仅仅是爱迪生,当时世界上众多科学家和发明家——不管是美国的、英国的、法国的、俄国的,还是比利时的——都在竭尽全力地想开发出一种实用的室内用灯。一种带有玻璃罩的、又亮又安全的灯。

1878年，爱迪生造出了白炽灯，但不是很成功，达不到期待的商业效果。但是经过调试之后，他非常聪明地使用了一个热度调节器来防止灯泡里的白炽物质融化。这是一个突破，但算不上什么了不起的突破，然而狡猾的爱迪生马上对《纽约太阳报》的记者宣布，他的白炽灯成功问世了。

爱迪生没有透露他发明的细节，只是说："我的成功，是从完全不同于别的科学家的研究途径取得的。"

爱迪生如此宣称，有很大的炫耀成分，目的是吸引投资者，并击败竞争者。

因为在当年10月，他委托他的代理人戈罗夫纳·劳里注册了爱迪生照明公司，用于融资。这个公司全部股份是3000股，其中2500股（计25万美元）是他的电灯专利，剩下的500股（计5万美元）被原始股东认购。

在劳里忙于注册公司、四处筹钱的时候，爱迪生在他的工作室里一拨一拨地接见记者，向每个人展示他的新灯泡。记者们被震撼了，纷纷用优美的文笔写道："新的电灯问世了，它干净、宜人、美观，没有刺眼的强光，工艺简单完美，作为光源的铂丝自身并不燃烧，这就是白炽灯。它发出的光又亮又均匀，美极了。"

当然，爱迪生很狡猾，他没有提到这个"美极了"的白炽灯的寿命只有不到两小时。

爱迪生马上发现，他正在为之努力的是一件比预想中难得多的事情。但是他天生就具备不服输的劲头，他在实验室里夜以继日地工作，寻找能长时间发光的理想灯丝，适合做灯泡的玻璃，以及最合适的电压。

他知道，他不光是在发明一个灯泡，他需要解决的是适合整个输电线路的灯泡群，更重要的是，他必须从经济角度考虑这个发明的意义。

1879年4月底，门罗公园实验室传来令人欣喜的消息，爱迪生终于研制出一台巨大的发电机。这是一台有着三条大长腿的机器，它的电枢被置于超强的磁极中间，按照法拉第的电磁感应原理，它大大提高了发电效率。这种做法使发电机的内部电阻比外部荷载小很多，打破了当时内外电阻相同的惯例，是一项惊人的创举。但是，还有一个大问题有待解决，那就是灯泡。爱迪生依然没有找到合适的灯丝材料。在这之前，爱迪生用的一直是铂丝，但是铂丝灯泡的寿命只有一个多小时，这根本无法让爱迪生满意。

爱迪生开始试验各种材质的灯丝，任何能想到的材料他都不放过：涂上煤焦油的线、软纸、六股拧在一起的细棉线、在沥青中浸过的棉花，等等。

这一年的10月22日凌晨，爱迪生将一根炭化过的普通棉线弯成马蹄形，放进抽光空气的玻璃灯泡中，通上电之后，这个白炽灯亮了一个通宵；太阳升起了，这只灯泡还在亮着；午饭时间过去了，它还在亮着；直到下午四点，灯泡破裂，灯光熄灭。天哪，它整整工作了14个半小时。

11月4日，爱迪生申请了这一灯泡的专利。一根马蹄形的炭化棉线，做成灯丝，放进梨形玻璃灯泡，抽真空，这就是爱迪生的白炽灯。

11月到12月间，爱迪生的工作节奏加快了，他们已经有了灯泡，有了发电机，还买了用来发电的蒸汽机。爱迪生还着手研发了其他配套部件，如开关、保险丝、分线器、调节器及固定装置，等等。爱迪生马不停蹄，因为他将于年底向公众正式展示他的发明成果。

在他潜心研究的这段日子里，来自学术界的质疑声此起彼伏，电气学家们喋喋不休地怀疑着爱迪生。英国教授西尔维纳斯·汤普森轻蔑地说："最近，我们都听说了很多关于爱迪生先生发明电灯的报道，我不知道他是怎么发明这个东西的，但是有一点我可以肯定，那就是任何依赖白炽灯的系统都会失败。"

另一位著名的英国电气学家约翰·斯普拉格也直言不讳："包括爱迪生先生在内，没有任何人能超越自然规律，如果他说电线不仅能带来光明，同时也能带来动力和热，那就像乱夸海口而根本实现不了的谎话一样！"

爱迪生在一片质疑声中憋着一口气，他要证明给大家看，他要用实实在在的成果来反击在学术上跟他唱反调的人。更重要的是，他必须让华尔街的老板为下一阶段创建纽约电站样板继续投资。

1879年的最后一天终于来了，也就是12月31日这天，爱迪生的实验室正式对公众开放，大约有三千人冒着风雪严寒涌进门罗公园,只为一睹电灯的风采。

这次展示毫无疑问获得了巨大成功,《纽约先驱报》报道说:"实验室被25只灯泡照得通明,办公室和会计室里有8只,另外10余只照亮了街道、仓库和相邻的房屋。爱迪生和他的助手们详尽地给客人解释问题,并做着各种关于电的实验。很多人认为爱迪生是一位穿着讲究的傲气先生,但其实,他朴素和蔼,用着最通俗易懂的语言,向大家解释着他的伟大发明。"

这次成功的演示,让纽约的投资商对新电灯的发展充满信心。不得不说,爱迪生融资有术,很快他就筹集到丰厚的投资,使他的财力远远超过了竞争对手。在爱迪生的身上,既有科学家的专注和奉献精神,也有商人的灵活和团队意识。是的,相比同时代其他电气学家,他挑战的是一种新的合作关系——财团资金和科学发展的结合。

此刻,爱迪生的名声如日中天,他有了技术,有了资金,有了支持者,但是作为一个拓荒者,他不会停下前进的脚步。他接下来要做的就是在曼哈顿铺设电网,点亮曼哈顿,创造真正意义上的不夜城。

白天工作，晚上狂欢

✦ ✦ ✦ ✦ ✦ ✦ ✦

那时，弧光灯和煤气灯各自占据着曼哈顿照明事业的半壁江山，生产弧光灯的企业在纽约建立了中心发电厂，大部分公共场所都被这种刺眼的强光填满，而家庭照明依然用着老旧的煤气灯。爱迪生需要挑战的是人们的惯性思维，虽然他的名声已经如日中天，但是，人们只是把他当作科学偶像看待，还没有真正理解并接受他的电灯，因为这毕竟是个前所未有的新玩意儿。

首先，爱迪生需要在纽约建立一套完整的电力系统，为他的白炽灯供应所需电力。在拥挤、喧闹、肮脏的曼哈顿建立电网也不是一件简单的事情，就算是爱迪生这样名声赫赫的发明家，操作起来也是困难重重。

爱迪生首先需要搞定纽约市政府的那帮老爷。

在门罗公园的工作室里，爱迪生开始不停地组织晚宴，邀请纽约市政府的权贵们，希望他们日后能给予快捷的帮助，进行友好的合作。

在这些晚宴上，爱迪生不厌其烦地向大家介绍新发明的电灯。他宣布这种电灯的寿命可达半年之久，然后他一会儿开，一会儿关，展示了很多种灯光的排列组合。当时，人们都知道煤气灯只能一个一个地被点亮和熄灭,此刻看到的情景简直就是不可思议的奇迹!

虽然收获了前所未有的赞美,但是爱迪生在几年之后回忆说,这一阶段也是他面临最多困难的时期。

在纽约架设电网,需要的资金不是在工作室研发电灯可以比拟的。虽然他已经成立了爱迪生照明公司,但是要照亮整个曼哈顿,需要的就不是几千美元,而是几百万美元了。华尔街的阔佬们在往这个无底洞里投钱的时候格外谨慎,毕竟谁也不知道新的照明方式是否能够一炮打响。

爱迪生被逼无奈,决定自己开设工厂,批量生产电灯。他对一位纽约的投资者说:"既然资金短缺,我只能自己集资弥补,在我们面前,要么开工厂,要么就是死亡。"

爱迪生卖掉了电力股票,又四处借款,他要向曼哈顿进军。

1881年2月,爱迪生和他的同事们开始了旷日持久的搬迁。他们租下了第五大道65号,这是一座漂亮的、四层楼高的褐色沙石建筑,它与14街相邻,地处纽约最繁华的地段。

在这个崭新的爱迪生照明公司总部里,爱迪生迅速组装了一台蒸汽机和一台发电机,到4月中旬,他已经在高高的天花板上安装了无数盏吊灯和其他灯饰。每天晚上,这座小楼灯火通明,直到午夜。每个路过的人都被它夺目的光彩所吸引,第五大道65号壮观无比,光芒四射,成了展示电灯的舞台。

爱迪生每天工作到深夜,他决定为1500个煤气灯用户供电,这是他进军曼哈顿的第一步。

为了铺设输电线路，爱迪生专门成立了爱迪生电子管公司，这个公司的首要任务是生产和安装近14英里（约22.5千米）的地下输电线路，其中不乏曼哈顿最繁忙、最污秽的地方。

爱迪生的投资者曾经质疑，为什么一定要铺设地下输电线路？架设电线杆不是蛮好的吗？又省钱又快捷。但是爱迪生并不这么认为。那个年代，任何人走进曼哈顿都会被眼前的杂乱无章惊呆，到处都是挂在木杆上的电线。这些电线横在街道上方飞来飞去，或是挂在屋檐窗外，毫无章法，看起来像是到处乱爬的大蜘蛛结的网。

越来越多的工业和商业都依赖电，电报、电话、股票行情自动收录机、火灾警报器，无论在哪个城市，只要有商业，就随处可见胡乱架设的电线杆。工厂可以搬迁，电线却留了下来，它们变质、磨损、老化，互相纠缠在一起，还会短路，冒出可疑的电火花。好在这时候用的是大电池产生的低电压直流电，高电压的交流电还没有出现，所以这些乱七八糟的电线就是丑而已，并没有什么危险，就算漏电也电不死人。但是丑也不是爱迪生愿意看到的，所以从一开始，他就坚持要铺设地下输电线路。

爱迪生在门罗公园的工厂每天可以生产上百个灯泡。爱迪生有自己的电子管公司，负责在熙熙攘攘的曼哈顿街头埋设输电线路。爱迪生还需要一个中心点，放置电力系统的心脏和灵魂——中心发电机组。这个时候，爱迪生把目光投向第一区里最穷的几条街道上，最终以65000美金的价格买下了珍珠街255至257号。爱迪生的公司发出的电能正是从这个肮脏不堪的地方,向直径半英里(约800米)范围内的各个方向传输出去,为华尔街的重要商业区和许多媒体所在地带去光明。

这个过程是漫长的。爱迪生还在兢兢业业地干着自己的事业,使所有用于中心电站的部件齐备,但是媒体的耐心明显要被耗尽了。

1881年12月2日,《纽约时报》已经变得不那么友好了,它在当天的报纸上说:"爱迪生的公司虽然铺设了很多线路,但是到目前为止,就向市中心输电的计划而言,还没有看到他们真正做了什么。拿骚街、华尔街、南街和斯普鲁斯街的商人和居民都开始抱怨,因为没有任何迹象能证明,爱迪生照明公司能像它保证的那样,于11月前给他们输电。"

但是爱迪生不为所动,他对这个项目的卖力程度是四年来前所未见的。他后来回忆这个项目的时候说:"这是我接手过的最庞大、最需要负责任的事情了。它很大,有着许多细节,我们需要的机械设备、工具、零部件全是自己设计、制造的。我们的人都是新手,没有中心电站的知识,为纽约街道合闸输电的那一瞬间将会发生什么,谁也不敢预见。"

重重困难如迷雾般笼罩着爱迪生和他的团队。当时的爱迪生刚刚35岁,他虽然看起来依然很年轻,但是一头浓密的棕发已于几年前开始变白。1881年冬天的时候,铺设输电线路的进度远远落后于预期,只有一半的线路铺设完毕。一部分原因是铁和铜的供应商经常供货不及时，另一部分原因是纽约的冬天太寒冷了，导致地面冻结无法施工。

1882年春回大地的时候，爱迪生的团队加快了施工进度。不管外界有多少质疑的声音，爱迪生的发言人依旧坚定地答道："如果非让我们说些什么的话，我们只能说，我们将竭尽全力，尽快铺设完线路。我们保证，一旦线路铺设完毕，我们就立刻供电。"

虽然在公众面前表现得如此自信，但是爱迪生自己心里也不是那么笃定。当铺设完拿骚街的线路，开始试验电网的时候，一辆马车突然经过，马被泄露的电流电得蹦了一下。还好马车夫及时稳住了马，否则不知道受惊的马会不会做出更吓人的举动。

春天刚开始，一家蒸汽热力公司在挖管道的时候，不小心碰断了爱迪生公司的铁管，截断了输电线路。这些小事故很让人心烦意乱。爱迪生知道，当电流从珍珠街传输出去的时候，谁都说不准会发生什么。他只有更加认真地工作，事无巨细地过问，他不希望因为疏忽大意而造成失败。

1882年8月底，在夏日的热浪中，爱迪生的团队终于完成了铺设14英里输电线路的全部任务。

1882年9月4日，这是历史上值得铭记的一天。初秋的纽约温暖宜人，爱迪生和他的同事们穿着整齐，每个人的脸上都是期待和紧张的神情。他们一起步入投资人摩根位于曼哈顿的豪华办公室。

4年的艰辛、重重的困难、50万美元的花销，终于等到今天这一关键时刻。很长时间里,爱迪生都在怀疑的阴影下工作,在场没有一个人比他更清楚,可能会有多少微小的差错在珍珠街或地下输电线路中发生,从而使他们公司的首场战役败北。这个时候,爱迪生只能在心里默默祈祷,祈求上帝保佑在电闸合上的那一瞬间,没有可怕的意外发生。

为了缓解紧张的气氛,爱迪生甚至开了一个玩笑:不亮就输100美元。

下午3点到了,爱迪生看了一眼手表,揭晓胜负的时刻就在眼前。此刻,他的内心是忐忑的,他不知道自己等来的是什么,胜败在此一举。

在珍珠街那边,爱迪生的同事踮起脚尖,推动了主电闸。与此同时,几座楼之外的摩根办公室里,爱迪生在内心里做了最后一遍祈祷,按下了靠近他的开关。

"灯亮了!"董事们情不自禁地欢呼起来,这才是最杰出的证明。在他们四周的近一百盏灯,还有旁边办公室里的三百多个白炽灯泡,一齐发出柔和的光芒,体现出超越煤气灯的显而易见的优越性。

还没有等到夜幕完全降临,《纽约时报》就禁不住开始夸奖了,目睹了爱迪生的电灯的记者满心赞叹地写道:"灯光柔和稳定,发出令人愉悦的光芒。灯泡产生一些热量,但是比煤气灯要少,也没有煤气灯的味道。电灯的光线柔和舒适,一点儿也不刺眼,也没有让人头疼的摇曳不定的亮光。和煤气灯相比,爱迪生的电灯得到了所有人的赞成票。"

这次壮举带给人们前所未有的震撼，人们对电灯产生了好感，旧的观念不管多么顽固，都在无可争议的事实面前败下阵来。

接下来的几个月里，又有两千多盏电灯被安装了，曼哈顿灯火通明的大楼越来越多。爱迪生照明公司的第一批客户里挤满了充满影响力的达官贵人，除了德雷克赛尔财团，还有摩根公司、帕克银行。当然，还有一直给予爱迪生莫大鼓励的《纽约时报》。

可以想象，爱迪生为自己成功建立了第一个真正的发电照明网感到多么自豪，谁能够不自豪呢？

就在珍珠街的电闸被合上，摩根办公室的电灯亮起来的时候，他对一位《纽约太阳报》的记者说："我说到做到了。"他确实把白炽灯带给了纽约市。但他认为，这只是纽约的起点，他已经做好了继续开拓的准备。这位伟大的发明家看到的是更多的成功和更辉煌的未来。

成为一个发明家，需要有绝对的自由加上绝对的天赋。他这样解释道："我的一个愿望就是，不用考虑资金的问题。我不稀罕富人的玩具，我不需要马和游艇，我根本无暇一顾。我只需要一个装备齐全的车间。"

当然，只有那些目光敏锐，了解电能潜力，并且有远见的资本家才会放眼将来。如果用电力取代煤气，在那个年代，仅在美国就能创造4亿美元的收益。爱迪生的电灯将跨越世界，他和他的银行家们将变得更加著名和富裕。珍珠街仅仅是伟大的、光芒四射的光电帝国迈出的第一步。

    电灯的发明与应用,不仅仅是技术的革命,也是人类生活方式的革命。如果这个时候,你漫步纽约街头,或者巴黎街头,你会发现,夜晚变得晶莹剔透,四处光彩夺目。人们不再需要蜗居在家里,过早地进入梦乡,夜晚开始被各种各样的活动充满。很多艺术沙龙和聚会都被挪到夜晚进行,因为这个时间更安静,人们更放松,更适于从事精神上的活动。夜晚不再死气沉沉,反而变得生机勃勃,街头上随处可见出来闲逛的艺术爱好者、精力旺盛的社交人群。可以说,电灯终于取代了火焰,成为开启人类夜晚大门的钥匙,掀开了夜晚的神秘面纱,从此,夜晚与人类的关系变得亲密无间。

夜晚和虚拟意义

❋ ❋ ❋ ❋ ❋ ❋ ❋ ❋

电气革命为夜晚赋予了现实意义,从此之后,夜晚越来越明亮。除了保留自己独特的神秘感之外,夜晚也容纳了大量白天消耗不掉的精力。互联网兴起之后,夜晚又被赋予了虚拟的意义。

电气革命之后,人类开始迈向信息时代。

在之前的时代里,所有信息都是以原子形式传播的,是实实在在的,看得见摸得着的。比如我们看的报纸、杂志、信件、碟片,还有诸位现在捧在手里的这本书。

电气革命为我们提供了解放人力的电动机器,生产力得到提升,我们可以更广泛地阅读报纸、收听广播、收看电视,我们通过方便快捷的信息传播工具迅速与全世界沟通。

不管是石器时代,还是电气时代,人类生活方式的变迁是在一个共同概念中的,有清晰可见的传承。

那时的人在描述大部分生活方式的时候,脑子里出现的是一大堆原子的结合体,就连货币——不管是之前的贝壳、金币、银两,还是之后一张张清晰可见的纸币、支票——都是以实物形式出现的,不仅仅是数字的概念。

如果当时有人告诉他,未来某天,人们根本不必携带现金出门,所要做的不过是拿出一张带磁条的小卡片，或者一个轻巧的叫作手机的东西，轻轻一划，或者一扫，就可以完成一笔交易，他会吃惊吗？他会不会觉得这是一个不可理解的天方夜谭？这一切听起来是不是更像某个科幻小说的场景，充满了天马行空的想象和操作上的想当然？

但是，这不就是我们今天正在发生的事情吗？任何交易都可以通过数字方式完成，不管是小到只有一杯咖啡的买卖，还是宏大的跨国跨洋的国际贸易，虚拟的数字帮你搞定了一切，又方便又安全，你不用见到一捆捆钞票才有完成感。

这是一个充满可能性的时代，你所要做的不过是放飞自己的想象力。

在西方，最快捷的付款方式是信用卡，在中国就是手机。这除了观念的调整和适应之外，也需要技术方面的支持。或者说，是技术上的革命挑战了人们的认知，让人类的生活模式迅速做出了改变。

今天的世界，已俨然成为一个数字化的世界，所有信息都是以比特的形式在进行光速传播。

比特是什么呢？比特是信息的最小单位，没有颜色、尺寸或重量，能以光速传播。它的表现形式是一串包含 0 和 1 的数字。它就好比人体内的 DNA，基本单元如此简单，包含的内容却丰富宏大。

自计算机语言发明以来的 60 多年里，我们极大地扩展了二进制的语汇，使它可以包含大量数字以外的东西。越来越多的信息被数字化，如声音和影像都可以在传输过程中简化为1和0，同时不损害母信息的完整性。

年纪稍长一点的人应该都记得原子时代的信息传播方式。那时候，如果你想在家欣赏一部电影，你需要买一个录像带，这是不是暴露年纪的事情？很多年轻人已经不知道录像带为何物了。后来，我们需要买VCD碟片，之后有了容量更大的DVD碟片。而现在呢？我们要在家欣赏一部电影，根本不需要任何原子形式的载体，只需要打开电脑或者手机，在视频网站或App里挑选自己喜欢的电影就可以了。实际上，我们需要的不是电脑，我们需要的是互联网上的一个终端。如果你的电视连接了网络，那么你拿起遥控器就可以完成这项功能了。

大部分的信号，甚至那些看起来充满神秘意义的信号都可以数字化。这是一个了不起的飞跃。你所要做的不过是在传输的起始端取样，信息会在传输的终结端智能重组。除了还原之外，你还可以纠错，这几乎可以让母信息完全重现。

人们发现，声波的波形——就是声压的度数——可以像电压一样被衡量，这就方便我们对声音取样，将声压记录成为不连贯的数字，再将这些数字以比特的形式传播出去。当比特串以每秒44100次的速度重现的时候，我们就能听到连续的音节了。由于这些分别取样的连续音节之间的间隔非常短，所以我们在耳中听到的不是一段段分隔的音节，而完全是连续的曲调。

数字化时代赋予了人类新的空间,除了三维世界之外,人类还可以生活在更虚拟、更宽广的世界当中。人们不再所见即所得,与之相反,这个时代的人们需要丰富的想象力和勇敢的挑战精神。这是一个更需要智慧的时代,在互联网当中,所有的承转起合都需要信息传输起始两端的智慧的参与。

说得更夸张一点儿,因为互联网的存在方式非常虚拟,所以它传输的不是信息,而是智慧。你能得到多少信息,取决于作为接收端的你拥有多少智慧。

假如我们把组成"虚拟现实"一词的"虚拟"和"现实"看成相等的两部分,那么虚拟现实这个概念是需要人类智能来修饰性重现的。在主观的参与下,虚拟现实能使头脑中的人造事物像真实事物一样。这也就是为什么当今社会,越来越多的人愿意躲进网络世界求一生安稳。从某种意义上讲,科技的发展让这个世界越来越有主观属性。

你有没有想过,人类为什么有两只眼睛?事实上,如果仅仅用来观察事物的话,人类有一只眼睛就足够了。那么为什么是两只眼睛呢?

人类每只眼睛的深度知觉是略微不同的,这造成两只眼睛所看到的形象不尽相同。这种现象被称为视差,当近距离观察物体的时候,视差的效果最为显著。距离较远的物体基本上会在两眼上投射相同的影像。

正是因为两只眼睛的视距不同,所以人的左眼和右眼看到的画面是不同的，但是大脑会将这两幅画面合成一幅画面，并产生三维效果。如果你闭上一只眼睛，大脑因为习惯了三维世界，你还是会看到三维画面。可是如果你天生就只有一只眼能看到东西，那么你的世界很可能不是三维的。如果你跟苍蝇一样具备复眼，那么世界在你眼里会是另外一个样子。

你有没有想过为什么3D电影里总有许多近距离内来来回回的动作？为什么影片里的物体总是朝着观众席飞过来？因为那些移动恰好设计在立体影像的最佳效果距离之内。

那么问题来了，什么才是真实的世界呢？人类和苍蝇一定会有不同的意见，而且是大相径庭的。然而吊诡的是，人类和苍蝇看到的都是真实的。

也许你会说你可以通过触觉来加深视觉的定义，但是另外一个问题来了，有了大脑的参与，你还能对触觉相信多少呢？你怎么敢肯定你摸到的就是真实的世界呢？苍蝇摸到的一定跟它几千只复眼看到的世界一致。那么，真有所谓真实世界吗？在这种情况下，世界的真实性到底有多重要呢？

而最新的VR技术则比3D电影技术更近一步，VR眼镜有两块显示区域，人的每只眼睛对应一块显示区域，每个显示区域会呈现稍微不同的透视影像，让人如同身临其境。

当你转动脑袋的时候，影像会以相应的速度让画面更新，让你感觉好像影像的变换是你转头的动作引起的，但实际上，这一切都不过是计算机经过复杂处理后呈现的效果,什么都没有发生。

目前,虚拟世界的逼真程度取决于技术的成熟度,一旦技术达到某种程度,畅游侏罗纪公园将不再是痴人说梦,而且无须生物学家的参与,不需要复制恐龙的 DNA,不需要在某个封闭的小岛搞几个大蛋孵育这种难以控制的大型生物。我们所要做的,不过是戴上一副 VR 眼镜罢了。

从某种意义上说,这个世界是主观存在的,除了量子物理从理论上给予证明之外,比特和互联网的存在也从社会意义上给予某种佐证。如果这个世界不是主观的,如果这个世界不依赖人类大脑的分析和再加工,互联网就没有存在的必要了。

世界的客观存在依赖于我们的主观意识,这是互联网的哲学基石。这一特性与夜晚的特性暗合,夜晚从诞生那天起就具备主观性。

中国人喜欢把截然相反的两个概念放在一起,表达某种平衡,比如"善恶""美丑""天地"。在这种表达方式中,那个更正确、更主要的概念总是被放在前面。但是中国人说"阴阳","阴"在前,"阳"在后。中国人不说"阳阴"。在中国人的心目中,"阴"生"阳",而不是反过来,这种看法并非因为女性是阴性,她生出了男性。要知道在人类起源的源头,世界万物不是分为两个面的,分为互为关系的两面其实是文化的产物。

"阴阳"二字,白天为阳,夜晚为阴,也就是说,主观性在前,而客观性在后。这个小小的词汇为我们揭示了中国人的古老智慧,表达了他们对这个世界的看法。这种深沉的智慧在理性科学发起之后，曾被荒废许久，人类对客观和理性的过度追求，从一个角度来说是在探寻世界本质的路上绕了一个弯儿。

所以，夜晚从诞生的那一刻起，就以独特的"主观性"深深地吸引着人类，互联网兴起之后，它的虚拟性成为夜晚的最佳补充。在某种程度上，不是互联网成就了夜晚，而是技术革命终于从理性追求回归了主观特质。

互联网和价值的无限延伸

◆◆◆◆◆◆◆

2017年1月,好莱坞拍了一部电影《隐藏人物》,讲述的是20世纪60年代美国太空总署的故事。登月计划项目中,有三个聪明绝伦的黑人女性,她们都有着非凡的头脑、超强的数学才华、出色的工作能力,但是因为肤色的关系,一直在大团队中被当作隐形人。

其中,凯瑟琳是一位计算能力爆表的数学家,她的主要任务是用计算的方式确定登月舱返回地球的轨道。

她每天都要进行大量的计算,主要的工具是笔和纸,有时还需要黑板。她常常踩着大梯子在黑板上演算。为什么要踩梯子?因为算式太长,全部铺开需要四五米长的大黑板才写得下。

这个场景并不陌生,大家或许还记得电视剧《暗算》,里面再现了过去破译电报密码抓特务的场景。参与密码解密的科学家们每天在辛勤工作,他们的主要工具是什么呢?比美国人的笔和纸稍微好一点儿,他们用的是算盘,好几米长的大算盘。一个小组的人全员上阵,噼里啪啦打起算盘来有惊天地泣鬼神的气势,藏在黑暗中的特务们无所遁形。

不管是701总部的大算盘,还是太空总署的大黑板,不管是抓特务,还是登月球,人类一直依仗的都是人工计算能力。数学是宇宙的密码,人类掌握它,所需要的不过是大量的计算,一步一步得到结果。

但是这一切因为计算机的出现而改变了。一天,就在太空总署的计算小组跟往常一样埋头在白纸上演算的时候,IBM送来了一组巨大的机器。

这台计算机体形巨大,需要占用整整一间屋子,因为它最小的部分都比门大,所以搬进屋子的时候不得不砸开一面墙。整个计算小组的人都跑来围观,这就是具有超强计算能力的机器吗?这台机器真的可以算出太空舱的运行轨道,并把它安全送回地球吗?虽然,这台机器的计算能力在今天看来非常可笑,等待一个数据可能需要一天的时间。但是这又怎么样呢?在此前,这一过程可是需要十几个人工作三个月啊。

那一天,所有太空总署的人都震惊了,每个人都感觉到这个庞然大物一定会在不久的将来改变他们每个人的人生,他们的饭碗能不能保住都是很难说的事。很明显,如果一台机器具有计算大量数据的能力,而且又快又好,谁还需要拿纸和笔计算的人呢?大黑板要被淘汰了,遭受同样命运的还有遥远东方的算盘。

电影无疑是想讲一个黑人女性反抗种族歧视的故事,但是也为我们揭示了一个事实:计算机改变了我们的世界,虽然它的设计初衷只是为了计算。

计算机,虽然名字听起来好像是个巨大的计算器,但它改变人类社会靠的不是无与伦比的计算能力,而是因为它实现了人类社会最大范围的连接。它引起的技术革命是划时代的,堪称人类有史以来最伟大的技术革命。

互联网的前身是阿帕网（ARPA）。

1957年，苏联发射了人类第一颗人造地球卫星"史普尼克号"，这一了不起的成就给美国人带来极大震动——怎么可以被苏联人赶超呢？美国人疯狂地启动了登月计划。当时的美国总统艾森豪威尔无疑更有远谋，他下令美国国防部设立一个研究机构，专门研究有前途的、新式的、高风险的科技项目，项目的选择权留给科学家，国家负责提供资金支持。在国防部的支持下，大量项目上马了，阿帕网是其中之一。

时至今日，很多人还在争论互联网是不是为实现军事目的而出现的。"互联网之父"鲍勃·泰勒曾经在接受采访时谈到，美国研发计算机和苏联人发射"史普尼克号"并无直接关系。

但是问题的关键不在这里，而在于阿帕网当初所接受的使命是：未必一定是航空领域，只要是有前途的研究领域都可以去做，钱要用来资助那些有好想法的人。这才是最重要的。

互联网就是在这样的氛围下诞生的。

"钱要用来资助那些有好想法的人"，正是因为有如此宽松的环境，有军方的资金，却无军方的掣肘，许多大学和研究机构，以及来自世界各地的顶级人才才能汇聚在一起。他们的想法和创意得到极大鼓励，并被迅速推进，最终催生了互联网的问世。

毫无疑问，美国也因为执第三次科技革命的牛耳，而再次保持了世界经济老大的头衔，在冷战巨大的泥沼中拔身而起，用新科技开创新领域,继续引领全世界经济的走向,为自己赚取了更多的资源。

互联网的诞生催生了一种新型文明。

计算机的诞生提高了计算速度,让我们可以飞快地算出特务使用的密码,以及登月舱返回的轨道。但是仅仅而已吗?当然不是,计算机的起源也许只是一个高效能的大算盘,但是它带来的信息技术、传播概念、连接模式,却给人类指出了一个前所未有的方向,让人类生活发生了翻天覆地的变化。它很有可能从本质上解决了人类自农业社会以来就摆脱不开的资源危机。

每当提到某种革命,我们指的都是它的产生改变甚至是极大改变了人类的生活方式。12000年前发生了农业革命,250年前发生了工业革命,40年前发生了互联网革命。

农业社会的关键资源是土地,工业社会的关键资源是能源,网络社会的关键资源是什么呢?是信息。

信息的性质和能源是不一样的,能源的分配是零和所有,因为它是一个有限的概念,不是你赢就是我赢。所以,围绕着能源,我们会有危机意识。不管是农业社会的"土地",还是工业社会的"能源",在某种程度上都代表着力量,所以对它们的争夺成为生死攸关的事情。

但是像工业社会的人们对土地的执念远没有农业社会那么强一样,到了数字社会,或者称网络社会,人们对能源的争夺也一定不会像在工业社会那么势在必得。虽然我们今天未必看得到,但是将来必是如此。因为有了虚拟世界的介入，人类对能源的消耗一定是个递减的过程，那个时候能源的储备就不会显得那么重要了。

纽约大学宗教历史系教授詹姆斯·卡斯把世界上所有事物归结为两种类型：有限游戏和无限游戏。有限游戏的目的在于赢得胜利，而无限游戏却旨在让游戏永远继续下去。

对土地和能源的争夺是有限游戏。有限游戏在边界内玩，是零和的，是非你既我的游戏。土地就这么多，石油就这么多，给了你，我就没了，于是以人类的贪婪而言，必有战争发生。

但是互联网和信息革命属于无限游戏，它们不仅没有边界，反而玩的就是边界。它们的意义在于冲击了传统的价值基础和游戏规则，创造了可无限延伸的价值空间。

价值不再局限于非此即彼的概念，而是产生一种可共享、可分享，甚至越是共享、越是分享就越快活的概念。世界发展的方向不再是被几个大趋势所垄断，而是裂变成无数微小的趋势，越来越碎片化、去中心化。

现代主义强调客观性、理性、真理和秩序。而后现代主义则强调主观性、非理性、多元价值和非确定性。人们不再追求大一统的"主体叙事"，而是强调个体异质性、无中心意识和多元价值趋向。

单项技术革命影响的往往是某一垂直领域，如抗生素的发明彻底改变了医疗和健康领域。而互联网带来的影响，是横向的。

每一个连接在网络上的计算机终端都是一个独立王国，每一个独立王国都影响着主体价值。互联网的核心精神元素就是：开放性和多元价值。

世界必将变得越来越去中心化、去等级化、去权威化，这就是网络文明的特征。

互联网的影响远远大于蒸汽机或者电气，它不只是一次技术革命，更是一次世界观的革命。它触及了人类更深层的精神本质，包括我们的信仰和价值系统，甚至撼动了文明的基石。

互联网正在重新格式化和升级人类的"思维操作系统"，为我们开启了一个新的轴心时代。

一再强调互联网改变了我们的生活模式，是为了说明接下来的时代将不同于我们以往的任何时代，传统被彻头彻尾地颠覆，经济模式也是如此。如果不认清这一点，必然会在新的时代中迷失沉沦不辨方向，更不要说创造更大的经济价值了。

不同于农业时代和工业时代，这两个时代对白天的倚重特别大，没有阳光农作物无法生长，没有集体劳作，大规模的生产无法进行。这些都导致白天才是人类活动的主要时间段，否则生产力就无从谈起。

但是在数字年代，我们不再依赖集体劳作，也不再要求人员到齐，人们在各自的终端完成自己的工作、生活和一辈子。白天和黑夜的界限越来越模糊，夜晚创造的经济效益、产生的GDP会迅猛发展，夜晚从此将会更大面积、更积极、更充满活力地参与到人类的生活层面中来。

经济学上的新轴心时代

✦ ✦ ✦ ✦ ✦ ✦ ✦ ✦

随着大数据时代的来临,"互联网＋"平台的用户数据成了金矿,让夜间经济消费者变得不再神秘,"互联网＋"更是为夜间经济的内容插上了想象的翅膀。

技术的变革必然带来人类认知、思想、信仰和价值体系的变迁,这些都无一不影响着经济的走向。

文化产业早就随着汹涌的技术浪潮,成为公认的朝阳产业。在世界上主要发达国家,文化产业都由国家经济体系的边缘走向了中心。

根据大数据显示,英国文化产业的年产值将近600亿英镑,从业人数约占全国总就业人数的5%;日本娱乐业的年产值早在1993年就超过汽车工业;美国的文化产业更加发达,其视听产品的出口额,仅次于航空航天等少数行业,成为主要的出口经济支柱。

文化产业崛起的势头,是与技术发展紧密联系在一起的。最近几年,文化产业呈现井喷之势,成为发达国家的拳头产业,这一切都是伴随着信息革命而来的。

1969年,人类跨出了历史性的一步,登上了月球,实现了人类在漫长文明历程中的憧憬和梦想,也成为轴心文明的精髓——"超越性"的一次具象体现。

互联网也是在这一年诞生的。起初,一切都在无声无息地展开,远不如获得全球瞩目的登月辉煌。大家甚至还一度怀疑,这玩意儿到底有什么用处?我们现有的关系网模式不是已经很完美了吗?用机器来传输0或者1,有什么必要吗?

但很快,互联网给人类带来的震撼就如水一般蔓延到整个星球,浸入每一个角落,让无数可能性犹如生命遇到水,得到滋润,茁壮成长。

当未来的历史学家审视今天的科技进步时,他们或许会意识到,互联网不只是一次技术革命,更是一次世界观革命。它深深改变了经济模式,为我们带来了经济学意义上的新轴心时代。

每一次技术革命都会带来人类生产力的飞跃,从而影响着产业结构和经济模式。互联网和数字化将会更迅猛地改变一切,会在全球范围内掀起波澜壮阔、势不可挡的巨变。

人类目前经历了三次工业革命。

第一次工业革命大约从1760年延续至1840年。由铁路建设和蒸汽机的发明触发的这次革命,引领人类进入机械生产时代。

第二次工业革命始于19世纪末,延续至20世纪初,随着电力和生产线的出现,规模化生产应运而生。

第三次工业革命始于20世纪60年代,这一次革命通常被称为计算机革命,或者数字革命,因为催生这场革命的是半导体技术、大型计算机、个人计算机，以及互联网的发展。

从千禧年开始，互联网开始迅猛发展，变得无所不在。互联网终端的移动性大幅度提高，传感器体积变得更小、性能更强大、成本也更低，与此同时，人工智能和机器学习也开始长足发展。

第三次工业革命的传播速度和广度，要远远超过前两次革命。事实上，在世界部分地区，以前的工业革命还在进行之中。全球仍然还有13亿人无法获得电力供应，也就是说，仍有17%的人尚未完整体验第二次工业革命。纺锤是第一次工业革命的标志，它走出欧洲、走向世界花了120年。相比之下，互联网仅用了不到20年的时间，便传到了世界的各个角落，而且传播的速度和广度依然在继续加强。

谷歌、脸书、优步和阿里巴巴等颠覆者，都曾经籍籍无名。我依然记得2005年阿里巴巴收购雅虎中国的时候，外媒纷纷询问这个公司是什么来头，怎么从来没有听说呢？但如今，这些企业已经家喻户晓，不仅仅在某一区域或者某一国家发挥影响力，甚至在全世界范围内都享有盛誉。

问世于2007年的苹果手机，如今在街头巷尾随处可见，截至2016年年底，全球智能手机总量超过20亿部，也就是说世界上几乎1/3的人进入手机数字时代。

2010年，谷歌宣布研制出首辆无人驾驶汽车。到2015年为止，全球与汽车无人驾驶技术相关的发明专利超过了22000件，世界上最先进的无人驾驶汽车已经测试行驶近50万公里，其中最后8万公里是在没有任何人为干预措施下完成的。

谷歌成为最有可能将成千上万辆无人驾驶汽车开上公路的公司。目前无人驾驶汽车已经获得美国加利福尼亚州立法批准,接下来,谷歌很可能会在该州部署数百辆无人驾驶汽车,用来接送公司员工上下班。内华达州也允许谷歌无人驾驶汽车上路行驶。用不了多久,我们就会看到更多的无人驾驶汽车行驶在路上。

这样的事例不胜枚举。传播速度只是信息革命的一个方面而已,它的规模收益也同样惊人。数字化意味着自动化,自动化反过来意味着企业的规模收益不会递减(至少递减的部分会少一些)。

我们不妨以数字化革命的前沿国家美国为例。

1990年,美国的产业中心是底特律,当地最大的三家企业的总市值、总收入和员工总数分别为360亿美元、2500亿美元和120万人。相比之下,作为新时代产业中心的硅谷,在2014年,三家最大的企业总市值高达1.09万亿美元,虽然他们的总收入为2470亿美元,与底特律的公司不分伯仲,但是他们的员工数量只有13.7万人,只是略多于前者的1/10。

与10年前或者15年前相比,今天创造单位财富所需要的员工数量要少得多,这是因为数字企业的边际成本几近为零。此外,在数字时代,对于许多供应"信息商品"的新型公司而言,其产品的存储、运输和复制成本也几乎为零,一些掌握颠覆性的技术的公司似乎不需要多少资本,就可以实现自身的发展。比如如今的独角兽公司,它们并不需要太多的启动资金,借助数字革命的力量,这些公司不仅改变了资本的作用,还提升了自身的业务规模。

虽然互联网公司从数字革命中获益良多,但是最大的受益者还是消费者。

数字革命产生了大批新产品、新服务、新概念。这些可以在几乎不产生额外成本的情况下,提高消费者的个人生活质量。在今天,预约出租车、订购机票、查询航班、购买商品、交付账单、听音乐、看电影、点餐——所有这些事务都可以远程完成。

技术给消费者带来的好处是有目共睹的,互联网、智能手机和成千上万的应用软件让我们生活得更为轻松,也提高了我们的总体工作效率。

我们用来阅读、浏览、通信的一部小小的智能手机,其运算能力相当于 30 年前 5000 台台式电脑的运算能力总和,而且,它存储信息的成本逐步趋近于零。20 年前,存储 1GB 数据的年服务费要 1 万多美元,但是今天,平均仅需要 3 美分。这样的数字对比让你心生惊讶吧。也就是说,如果你能够携带一部智能手机回到 30 年前,你无疑就具备了上帝一样的视角和能力,当然,你得找个有 Wi-Fi 的地方才好吓唬人。

数字革命带来的挑战主要落在供应方身上,也就是说劳动和生产领域。在过去的几年间,在绝大部分发达国家,以及像我们国家这样快速发展的新兴经济体中,劳动力对 GDP 的贡献比重出现大幅下滑。原因就在于，创新驱使企业用资本取代劳动力，成为撬动企业经济效益的杠杆。

也就是说，大量财富的创造，或者为企业带来大量经济效益的经济行为，将不再集中于白天的密集型劳动合作。有资本的地方就是 GDP 产生的地方，而资本是无时不在运作的。

你可以在任何时刻订专车、购买机票，甚至买肥皂。你不需要在乎专车公司的调度室是不是下班了，航空售票处是不是关门了，楼下的便利店是不是打烊了，你拿起手机，不管是凌晨 3 点，还是中午 12 点，你都可以通过数字手段完成个人服务，而无须迁就对方的运作模式和运作时间。

资本的运作是不分时间，不分区间的。它既不分白天和黑夜，也不分国内和国外，它没有边界。

在当今的经济形势下，决定你的竞争力的是两个因素：资本和创新能力。展望未来，高成本和低成本国家之间，以及新兴市场与成熟市场之间的区别越来越不重要，新的衡量标准是，经济体是否具有创新能力。

北美和欧盟拥有世界上最具创新能力的经济体，引领着世界创新发展。但是中国在创新领域的综合表现也非常不俗，2015 年中国的创新能力已经达到欧盟的 49%（2006 年为 35%），这是令人吃惊的事情。从 1978 年改革开放以来的很长时间，中国制造业一直在低端徘徊，我们几代人都在致力于经济结构转型，每个人都知道这是件任重而道远的事情。但是谁也没有想到，这一天来得那么快，那么悄然无声。即使我们的创新起点相对较低，但是，今天谁也不能否认，中国已经进入全球化生产中的高附加值领域，并正在运用我们举足轻重的规模经济优势，更好地参与全球竞争。

规模经济的优势，在云平台的运用中可以得到清晰展现。

当谈到云平台的时候，我们谈的其实是两种：一种是人力云平台，一种是消费云平台。

只要你有一台终端，不管是电脑还是智能手机，你就可以成为全球虚拟网络中的一名从业人员，同时具备无与伦比的机动性。

个体工作者会认为这样的工作模式压力小、自由度大、满意度高，是一种理想的工作状态。你可以不分时间地点地创造价值，可以成为专车司机，可以成为外卖派送员，可以成为视频主播，可以成为公众号达人。

除了从业之外，你也可以同时具备各种身份，一个家庭主妇一样能够成为成功的电商，一个金融从业者也可以是一个超酷的漫画师，生命可能性的边界被打开了，自由成为这个时代的主题。

而作为消费者，消费云平台的意义在于让你免受边界困扰。你可以消费来自全世界的商品，通过快捷的物流产生不低于现场购物的体验，同时还不必付出昂贵的附加价格。这不仅仅是因为云平台让比价成为轻而易举的事情，也因为供应商的成本也在大幅度降低，互联网的共享特性，使得它有能力为供需双方进行匹配。原本利用率不高的资产，原本不被看作资产的东西，都能被激活。比如说私家车上的空座、家中闲置的卧室、不再需要的家具，等等。全球最大的出租车公司优步没有一辆车，最受欢迎的社交媒体脸书不制作任何内容，最有价值的零售商阿里巴巴没有任何库存，这是以前的经济模式能够想象的吗？

经济学上的新轴心时代已经到来，创新——不仅仅是技术上的创新，也包括观念上的创新——成为轴心中的轴心。从这个意义上来说，我们这本书要讨论的夜晚，是和白天没有分别的。甚至，夜晚创造的 GDP 是完全可以和白天相抗衡的。

在市场经济条件下，文化与经济密不可分，越是文化的高地，越是经济的富矿，而且这种财富的来源具有相对的长期性和稳定性。夜间文化消费推动着一个城市的夜间经济繁荣，是繁荣市场、拉动消费的有效途径，也是衡量一个城市现代化发展的重要尺度。

夜间文化产业的发展进一步增强了文化产业的后劲和总体实力，夯实了文化产业在国民经济中的支柱性作用。夜间文化产业的发展有力刺激了消费，有效扩大了内需，为转变经济发展起到了积极的作用。

工作时间和消费时间越来越弹性，不夜城越来越多，24 小时店越来越多。越是发展程度高的城市，夜晚的安全性和活跃程度也会越大。因为需求在上升，从某种程度上说，夜晚不再是白天的延伸，而成为另外一个庞大的经济市场，是第二 GDP 的容纳体。

第三章
Chapter 3

夜经济与城市——嵌入当地商业生态是王道

◆

夜间经济文化产业是提升城市品位、打造城市品牌的重要载体，也是衡量一个城市经济发展水平、居民生活质量和投资政策环境的"晴雨表"。夜间经济是概念空间和生活空间的共同体，为创新和差异化的事物提供了一个安全之处。

多样性空间的提供者

◆◆◆◆◆◆◆◆

如果你好奇夜晚是如何推动城市发展的,那就不妨在附近的商业街走一走。在天色将晚之时,你换上轻便的衣服,走进人群,去感受夜晚商业带来的能量和活力。你会发现,这些商业街只有在夜晚才焕发光彩,它们变成一个城市的生息之地。在这里,你能听到、看到、闻到、触摸到甚至品尝到白天不曾展现的多样性。

下了班的人们把时间消磨到了咖啡馆、酒吧、理发店和美甲店。人们在这里或者聊八卦,或者谈论时事,或者只是买一杯咖啡,然后找个角落安静地坐下,当一个看客。

这些活跃的小店铺将外部世界与你的内心深处连接在一起,在那一刻它们的意义不仅仅是小店铺那么简单,它们维系着社会的互动。

当我们说到夜生活的时候,并不仅仅指灯红酒绿、纸醉金迷,这些都是最表象的反映。一个城市夜生活质量的高低,在于它能不能提供多样性的空间,能不能将自己的 DNA 嵌入当地商业的生态系统里。

如果说生态系统是一个有着很多关联部分的复杂网络,所有的部分都与周围的环境互相作用,那么,一个地方的夜晚经济,便是将商业街生态——由店主、店员、消费者,以及当地居民日积月累创造出来的社会、经济、文化交流网络,汇聚在一个实体空间中。

这些网络有时延伸得很远，比如从全球各地移民到发达国家的男男女女，给那里的城市带去中餐馆或者墨西哥快餐店；有时却近在眼前，好比住在隔壁街区的消费者，为了买一瓶橘子汁，光顾午夜依旧营业的小卖部、果蔬店或者酒铺。

夜间经济是一种内源性的动力经济，是城市文化与生活的缩影，其繁荣程度是一个城市发展活力的重要标志。目前美国人已有 1/3 的时间、1/3 的收入、1/3 的土地面积用于休闲消费，而其中 60% 以上的休闲活动发生在夜间。

一个城市何以幸福？除了经济的发展、生活的便利，还要有文化的自豪感与凝聚力。一个人何以幸福？除了衣食无忧、居有其所，还应有精神追求。

简·雅各布斯是一位对城市很有洞察力的作家，她注意到了那些小店铺是如何介入到人们的生活中来的。这些店主们随时戒备着可能发生的犯罪、为上学的孩子们提供一个安全的庇护所、在陌生的城市海洋中建起一座座熟悉的岛屿。

在雅各布斯居住的纽约市的街道上，店主们熟悉很多街坊邻里的名字，会在他们不在家的时候帮忙代收包裹，邻里们甚至会把家里的备用钥匙交给店主们，以备不时之需。店主和店员们无偿承担了这些责任，为当地居民的生活提供安全和便利。

这样的故事发生在纽约，也同样发生在阿姆斯特丹、东京、上海和长沙。在这一章里，我们不妨认真深入地走进这些著名城市，看看他们的夜间经济如何改变人们的生活，看看每一个城市如何保留自己独特的韵味，让自己的夜晚具备独一无二的气质。

在这个全球一体化的时代里，小众、个性、与众不同才是引领风潮的法宝。上述几个城市无疑做到了这点。

不管是以小尺度社交为中心的阿姆斯特丹，还是艺术与个性相得益彰的纽约，抑或带着原真性介入全球化的东京，当然，还有以商业化文创园区作为引领的上海，以及娱人娱己娱天下的长沙，这些城市都在用自己的方式走在商业大潮的前端，在这个瞬息万变的时代里站稳脚跟。

夜间经济不再像以前那样，只是提供日常生活的消费。

以前商业街常见的多半是贩卖粮食、煤炭、杂货、香烟、副食品、水果、蔬菜和其他种类的商品，或者挤满裁缝店、理发店、洗衣店、茶馆以及公共澡堂。这些都是跟人们生活密切相关的服务，或者说，是低配生活服务。

但是，今天的夜晚将不仅仅满足于低配。随着新科技的发展，人们拥有了更多的选择权，依靠互联网，他们可以看到琳琅满目的商品，来自世界各地的货物都整齐划一地排列在他们眼前，等着被挑选。

你再也无须去纽约才能买到自由女神像的纪念品，也不必亲身前往巴黎才能吃到口味正宗的马卡龙。商业不再局限于地区流动性，商业的边界有了新的设定。人们对商品的消费方式也发生着翻天覆地的变化，互联网不仅让世界变得更小，还帮助我们比较价格、参考评价，甚至参与到售后反馈中。所以夜间经济将不再局限于提供低配生活服务，它在科技与全球化的双重作用下被重塑了。

大家越来越明白，现代科技让许多消费者摆脱了实体商店的限制，购物者也习惯于在网上购买私人物品。在纽约，年轻白领们不再把脏衣服拿到当地的洗衣店，反而依赖手机 App 在线预定洗衣服务。

但是另外一方面，科技也为实体店铺带来更多的客源。如果一家店铺在互联网平台（比如大众点评或者美团）有良好的评价，那么就会有源源不断的新客人找上门来。而且手机 App 也可以帮助实体店铺接受订单、操作支付、传播广告等等。

社会学家和人类学家观察到，社会文化团体存在共同和互相社会化的现象。从某种意义而言，实体经济既是"概念空间"——体现、复制和象征着某一社会团体的共同意趣，也是"生活空间"——是实体化、功能化和经验化的。"概念空间"指我们想到的消费需求是在脑海中出现的东西，而"生活空间"指我们亲自前去的那个地方。

在最佳情况下，夜间经济是概念空间和生活空间的共同体，为创新和差异化的事物提供一个安全之处。

很显然，夜间不仅仅是用来购物的，夜间经济是基于不同个人志趣的文化生态系统，当然，个人志趣也维持着集体认同。一种成熟的夜间经济，不仅仅提供了丰厚的利润，而且能丰富社交、方便生活、促进社区构建。它呈现了地方文化的感官体验，让城市无论对于居民还是对于游客，都变得婀娜多姿。

接下来我们要讲述的，就是五个城市的内嵌故事，它们在全球和地方框架中交互作用，一方面以全球皆相似的方式被塑造，另一方面则深受本地传统生活经验的影响。它们都是成功的范例，测试着社会理论学家列夫菲尔关于城市空间如何被生活、如何被生产、如何被想象的理论。它们无疑为我们提供了思索和研究的最佳素材。

对这些城市的研究告诉我们，夜间经济不仅仅是商业上的可见表象，它还是塑造城市灵魂的重要元素。

夜晚的阿姆斯特丹：社交才是黏合剂

◆◆◆◆◆◆◆◆

首先以阿姆斯特丹为例吧。

说到阿姆斯特丹，大家的第一印象或许是红灯区，但从经济体量上来看，性产业在阿姆斯特丹的旅游业当中，只占一小部分。要知道，来阿姆斯特丹的大部分都是游客，而不是嫖客。每年前往这座城市的旅客中，女性占到42%以上，你很难想象她们是来红灯区买春的。

那么阿姆斯特丹的夜晚是靠什么在支撑呢？

阿姆斯特丹作为全球性城市由来已久，其"黄金时代"可以追溯到17世纪，从荷属东印度公司和西印度公司主导世界贸易开始。然而自20世纪70年代起，全球化在两个重要方面——旅游和移民——重塑了这座城市。

因为旅游业，阿姆斯特丹政府不满足于自己单纯的"性都"定位，而渴望更丰富的产业链。

因为移民，阿姆斯特丹的文化具有了独特性和丰富性，反过来为旅游业注入新鲜活力。

然而，将这两方面黏合起来的，是阿姆斯特丹的社交文化。

首先，阿姆斯特丹是全球主要旅游目的地之一，常年吸引大量境外游客。游客们尽情徜徉在运河、充满历史感的建筑和丰富的文化纪念场所，比如国家博物馆、安妮之家和伦勃朗的生活区，以及有着艳丽女郎招摇的红灯区。

独特的夜生活，或者说是性文化，是让阿姆斯特丹闻名的因素之一。中国人称之为"性都"，英国人名之为"Sex City"，法国人则称其为"Sexe Ville"，无论以何种语言称呼，意思只有一个，这个城市是以性开放的夜生活而著称的。

虽然性产业为阿姆斯特丹带来了很多税收，招揽了大量游客，但是当地政府依然觉得有必要规划和整治，因为性产业的附带品是毒品和黑社会，这两项都是旅游业的死敌。你很难想象游客愿意把时间和金钱花费在一个不安全的城市。

同样，政府也认为光靠治安好是不够的，阿姆斯特丹不应该成为一个井然有序的大妓院，阿姆斯特丹是座有历史、有人情、有文化积淀的城市，有必要让世人发现她独特的美，而不是一来此地就醉生梦死，寻找皮肉之欢。

从21世纪开始，政府开始有条不紊地高价买下红灯区的店铺，再以低价租给年轻的时装、珠宝设计师和艺术家。政府希望将已经存在600年之久的红灯区，逐渐改造成以高档宾馆、餐厅、咖啡馆、时尚商场和文化艺术场馆为主的旅游街区。

你如果前往阿姆斯特丹，一定会被那些四五层的红砖连排别墅所吸引。这些别墅可以追溯到17世纪，它们排列在狭窄的街道中，其间到处摆放着阿姆斯特丹人的自行车。小咖啡馆、小酒店和商店，也镶嵌在房屋底层的狭长空间里。一到晚间，这里就挤满了人，有当地的居民，也有外地的游客，大家喜欢挤在这里体味阿姆斯特丹的历史韵味，享受悠长的休闲时光。

除了旅游业之外，阿姆斯特丹还有自己的居民，分为本地和移民两大部分。

从20世纪80年代开始，阿姆斯特丹吸引了大量跨国移民来这里生活和工作，这些移民现在占到城市总人口的30%左右，其中人数前三的"少数族裔"来自土耳其、摩洛哥，以及南美洲东北部的苏里南——这里曾经是荷兰的殖民地。

随着全球化的发展，越来越多的城市成为国际城市，不管是老牌的纽约、洛杉矶，还是新兴的上海、北京，甚至藏在高山雪域里的拉萨。城市变得越来越多种族、多文化，来自不同地区和成长环境的人，把自己的文化搬到异乡，为新的城市带来活力，也悄然改变着城市自有的传统。

阿姆斯特丹作为全球化的一部分，不再是欧洲人口占主导的格局，本地人和外来人，很自然地把这个城市分成壁垒并不那么分明的两部分。

非西方移民，尤其是摩洛哥人和土耳其人，受教育程度偏低，失业率也比较高，是本地人的两倍以上。宗教问题也让新移民难以融入本地人的生活圈。

此外，荷兰的公共政策推进两性平等、支持公开表达性取向、包容文化差异，而新移民多半来自更为传统的社会，所有这一切都会让新移民感到不适，甚至威胁。

所以，本地人和移民很自然地挑选了两个不远不近的地方安营扎寨。自20世纪80年代起，阿姆斯特丹逐渐分化成士绅化的中心地区和大规模少数族裔集中区域两个部分。这两个地方也为阿姆斯特丹贡献了不一样的文化氛围。

中心区——观光客的必游之地运河带就在这里——居住着相对较少的移民。少数族裔及近期迁来的移民聚居在城市的东区和西区。

尽管阿姆斯特丹于20世纪六七十年代重建市区，在拆除中心区附近的老旧房屋之后，建造了城市中的第一条地铁，同时在南部开发新建了崭新的企业办公区和居住区。即便如此，阿姆斯特丹依然极大程度地保留了其传统街景。

20世纪60年代以来，几乎和世界上其他地方一样，大型零售业开始在阿姆斯特丹扩张，H&M之类的外国品牌连锁店已经占据了市中心最好的商业地段，大型零售连锁店开遍城市。

但是，一个城市的活力和气质归根结底来自它的本土文化，毕竟游客来到一个陌生的地方，不是为了去麦当劳或者星巴克，他们更想与当地的美食和文化亲密接触。于是，很多在20世纪70年代来到阿姆斯特丹从事制造业的移民，在工厂关闭或者更换工作之后，经营起了小商店或者小餐馆。这些商店、餐馆带有阿姆斯特丹的城市烙印，也有移民者母国的独特味道，成了阿姆斯特丹耐人寻味的特色。

这两条路径戏剧化地反映在两条商业街上，一条是高档的、位于运河带的乌得勒支街，另一条是低档的、位于市区东部的爪哇街。

乌得勒支街只有极少数移民开的商店，而爪哇街是民族商店的集中地，店主大部分是来自南方世界的移民。在爪哇街，游客能品尝到来自土耳其、摩洛哥、苏里南、印度、意大利、泰国、墨西哥等地的美食。对阿姆斯特丹来说，乌得勒支街和爪哇街虽然档次不同、风味不同、代表的社会和文化资本不同，但是都在以自己的方式完成"全球化"。

旅游业的繁荣带动了酒店业——包括旅馆、餐馆、酒馆和咖啡馆，以及剧院、电影院的发展。乌得勒支街以伦勃朗广场为起点，这里拥有一直以来最受欢迎的剧院和电影院，同时紧邻卡雷剧院，在夜晚的时候这里总是灯火辉煌、通宵不眠。近些年来，旅游业收入和荷兰民众的个人可支配收入一起增长，餐馆和咖啡馆的数量迅速上升。从20世纪80年代末到21世纪初，阿姆斯特丹临街店铺的比例从12%爬升到45%。

阿姆斯特丹的夜生活并非集中在红灯区。夜间营业的酒馆和咖啡馆的数量上升，表明它们也是阿姆斯特丹夜文化的重要集散地。

夜文化在一定程度上并不依赖大型连锁商店。在20世纪60年代，几乎和世界上其他地方一样，阿姆斯特丹的大型连锁商店迅速扩张，侵占了传统小店铺的地盘。但是随后人们发现，这些大型连锁商店的入驻严重影响了阿姆斯特丹独特的城市文化。

今天，在乌得勒支街的店面中，只有不到10%由连锁店占据，其他店面都是个人拥有的商店。因为店铺的规模小，反而促进了店主和顾客之间的交流。

你如果信步走进运河区著名的卢基小食店，就会发现，在不大的店铺中放置了一张很长的桌子。这张桌子一整天都是社交中心，特别是晚餐时间。这家店铺的三明治生意很好，因为店主会针对每个顾客的需求进行单独准备，所以长桌边总是坐满了人。顾客们从中午开始，聊天欢饮，一直到凌晨。

咖啡店和位于街角的酒吧都是社会网络的重要节点，特别是在下午和夜间。事实上，乌得勒支街三分之一的街角都由酒吧占据，其密度相比其他城市高出很多。而每一间酒吧都被设计成独一无二的样子，以迎合特定的客户。由于这种精细的分工，游客们自然会把这条街看作夜生活的必去之地。

一些商铺也开始往"社交概念"发展，比如著名的"协奏曲"。"协奏曲"是一家传统老店，拥有五个店面，主要出售专业的音乐唱片、书籍和高端音响设备。但是随着数字化和网络化的发展，大量音乐和书籍都可以在线下载，因此，"协奏曲"这样的老店失去了很多顾客。为了保持自身的影响力，"协奏曲"商店开始转型，每到星期天就会赞助现场表演，还会承接一些音乐发布会，而且，它开始在店内卖咖啡。

跟纽约、东京等人口众多的大都市不同，阿姆斯特丹这样的古老小城保留了小城市才有的人情味和亲密性。来到阿姆斯特丹的人们，很容易被这种家一般温暖热络的氛围所感染，舒舒服服地徜徉其中。跟游览纽约与东京的那种瞠目结舌的震撼不同，很多前往阿姆斯特丹的游客有这样的体验：如很多欧洲城市一样，自成一体的阿姆斯特丹有着一定的封闭性，温暖亲切。

在阿姆斯特丹，夜文化的主要功能是"社交"，从奶酪店经理到新开的咖啡店店主，每个人都将这座城市形容为"都市村庄"，大多数店主每天都在店里工作，所以他们认识顾客，也互相了解。一个咖啡店主这样说："这就像是大城市里的小村庄，人人互相认识。"

这种亲密性会让外来的客人有家的归属感，店员和店主会隔着传统的柜台和客人们聊天，不管你是来自隔壁的居民，还是国外的游客。对于这个"都市村庄"来说，每个人都是社交群体中的一员，都值得用对待亲人的态度去服务。

这是阿姆斯特丹的独特味道，它拥抱你就好像你昨天刚刚离开，它给予你小社区的温暖，没有大都市冷漠的疏远。

网络社会的兴起，意味着"社交"这一主题得到更大的凸显，所以市场会自动选择有"社交"功能的生意作为更成功、更有前景的经济模式，这是在阿姆斯特丹的夜经济中被证实的。传统的性产业越来越被边缘化、模糊化，而那些代表"社交"的夜文化，在一定程度上，才是阿姆斯特丹夜间经济的真正支柱。

夜晚的纽约：艺术和个性的聚集地

◆ ◆ ◆ ◆ ◆ ◆ ◆

纽约曾经被叫作"新阿姆斯特丹"，所以，说完阿姆斯特丹，让我们一起来看看纽约吧。

这个世界上没有比纽约更能代表国际化、现代化的城市了。对于很多人来说，纽约是一个梦，一个富丽堂皇又变幻莫测的梦。

纽约虽然不是美国首都，却是美国最大、最繁荣的城市，市区总面积900多平方公里，人口1200多万。纽约既是世界著名的国际大都会和金融中心，也是世界经济、交通、商业、旅游和文化艺术的中心。

数千座摩天大厦、数百个旅游观光景点和数不清的娱乐场所大都集中在曼哈顿地区。外来游客白天可以做一番美术馆巡礼，在唐人街或者意大利街吃饱肚子后，晚上就可以到百老汇、第五大道、42街领略纽约的夜生活。

夜幕降临后，白天被汽车塞满的街道，开始由灯光和音乐接管。无论你是舞迷，还是爵士乐迷，总能找到通宵达旦狂欢的地方。你可以参加巡回狂欢乐队的派对，也可以一头扎进最时髦的酒吧，一边品尝复古的禁酒令时期的鸡尾酒，一边欣赏表演。

身在不夜城，你还好意思一早回去睡觉？想想老牌巨星弗兰克·西纳特拉的劝勉:"你不应错过纽约的魅惑和狂野。"

在彻夜喧闹的"中场休息"时间,不妨找一处天台,或者沿着河边漫步,领略曼哈顿迷人的夜景。丹波有最美的天际线,夏季布鲁克林大桥和曼哈顿大桥之间的落日景观美得令人窒息。

如果想度过一个音乐之夜,那些地下、小众的乐队经常在类似"乔的酒吧"(Joe's Pub)的地方演出,你还可以躺在"梦屋"(The Dream House)的地板上,聆听极简主义艺术家和音乐家拉蒙特·扬和玛丽安·扎兹拉的演出。

纽约永远有世界上最好的派对、最好的主题、最好的服饰、最好的音乐、最有趣的人、最少的伪装,这就是夜晚的纽约,让人舍不得睡觉。

根据美国有线电视新闻网的民意调查,与欧洲的巴黎、亚洲的东京和香港相比,纽约的夜生活无论在丰富程度还是愉悦指数上都表现得更好。每到周末,通往曼哈顿的林肯隧道、荷兰隧道和华盛顿大桥、皇后大桥上,汽车都会大排长龙,沿途巨型广告牌上闪烁着"纽约是个不夜城"的字样。

在游客心目中,曼哈顿岛上摩天大楼的夜景,纽约时报广场的灿烂霓虹,以及在40多座百老汇剧院中上演的,堪称世界上最刺激、最动人、最壮观的娱乐节目,才是真正的夜生活。

由于文化、民族背景和富裕程度不同,在纽约享受的夜生活也千差万别。有钱人可以乘坐直升机上岛,从肯尼迪机场直飞距离帝国大厦几条街之隔的34街停机坪,时间只需7分钟。在这7分钟里,他们可以欣赏 FDR 高速路上堵成停车场的盛况，然后再优哉游哉地入住中央公园附近价格不菲的酒店。吃完晚饭之后，到百老汇购买上千美元的前排票欣赏表演，还可以乘坐每分钟 5 美元的马车逛逛中央公园。

对大多数普通消费者来说，他们坐几十美元的火车，或者几美元的地铁进入纽约；吃两个价值 5 美元的路边热狗，喝一杯小咖啡店 3 美金的咖啡，一样能让自己肚子舒舒服服的；晚上，排队买 50 美元一张的门票，也能在 42 街看到精彩的表演；看完演出，华灯初上，纽约的夜生活刚刚开始，满大街都是热气腾腾的人群，不妨踱步到一间普通的酒吧或餐馆，买几瓶啤酒，点一份 10 美元的套餐，迎面吹来大西洋的晚风，如此也可以消磨一个美妙的夜晚。

不论消费多少，能体现纽约最典型夜生活的内容，都离不开"逛艺术馆、吃一顿饭、看一场秀、进小酒吧、住一夜酒店"。这个总结倒是一语道出了纽约夜生活的实质，那就是艺术和个性。

很少有地方像曼哈顿一样，在如此狭小的地方挤进这么多的美术馆。

曼哈顿上东区是博物馆扎堆的地方。

第五大道 82 街和 105 街之间的区域，被称为"博物馆大道"，这里云集了十余家重量级美术馆，从最南端的大都会美术馆，到最北端的非洲艺术博物馆，博物馆大道像一条时间之河。犹太美术馆、库珀·休伊特国家设计博物馆、波多黎各美术馆、古根海姆美术馆、新艺廊、纽约市立博物馆、歌德学院都整齐排列在河流两岸，如熠熠生辉的美丽珍珠。

而初出茅庐的艺术家、音乐家和学生往往被下东区的低廉租金所吸引，他们在20世纪80年代纷纷搬到这里，将下东区变成了文化消费目的地。

1992年，下东区分租公寓委员会在街道最北端19世纪60年代修复的公寓里成立了。这是一个松散的房东组织，用以对租户进行甄选和鉴别，一些低端零售业和廉价服务业被有选择地排除了。小型博物馆、美术馆、画廊、礼品屋和导游服务作为主体商业被大规模地吸引进来。很快，这里就招揽了大量游客，他们喜欢下东区的艺术环境和精致氛围。随着消费者的增多，越来越多的投资者也蜂拥而至，他们认为，这里已经成为餐馆、酒吧、零售商店还有一流画廊的完美选择。

后工业时代的当代艺术都集中在切尔西区。

传统意义上的切尔西区，指的是曼哈顿西城14街至30街，8大道至10大道围成的区域。走进这个区域，你会看到一排排19世纪中期修建的棕色砖房掩映在树丛之中。过了9大道，景观豁然开阔，一排排规整的厂房分布在街道两旁。这里曾是纽约的老牌工业区，经营着许多化工蒸馏厂和肉料加工厂。随着后工业化的到来，这些老牌工厂慢慢凋零，留下为数不少的废弃厂房。这些厂房高大、宽敞、充满原生态的味道，有不同于写字楼和商业楼的风格，深受文艺爱好者的青睐。20世纪90年代末，随着SOHO画廊区租金高涨，许多画廊和艺术家转移到了地价相对较低的切尔西区。

如今18街和28街之间、9大道以西的区域拥有200多家画廊。这些画廊的一层大多有巨大的落地玻璃窗，走在街上就可以看见形形色色的艺术作品展示在空旷的白色空间中。秉持"少既是多"的信念，画廊都采用白盒子一般的空间，以便最大程度地展示艺术品本身。到了夜晚，灯光从玻璃窗中透出来，形成美丽炫目的光晕，在绿树成荫的街区衬托下，显露出独特而迷人的魅力。

纽约除了上述艺术区之外，还有布鲁克林的丹波。

丹波（DUMBO）是艺术家聚集的新区，名称来自"Down Under the Manhattan Bridge Overpass"（曼哈顿桥下区域）的缩写。从名称就可以看出它位于东河河岸、布鲁克林大桥和曼哈顿大桥下，丹波是布鲁克林的新兴区，与曼哈顿下城隔河相望。

一走进这个区域，到处可见彩色涂鸦，覆盖了废弃仓库改建的工作室和个性商店的外墙，与桥下的活水公园遥相呼应。

丹波的兴衰和切尔西类似，19世纪末，这里本来是工厂区，有巨型仓库、机械制造厂和纸盒制造厂。随着制造工业的衰落，这里留下了老建筑和废弃厂房。20世纪70年代末，纽约SOHO区地价上涨，艺术家们为了寻求新的发展空间，跨越东河来到这座荒芜的滨河小镇，将大型的废弃仓库改建成充满时尚气息的LOFT空间。直到现在，这里还可以看到工业时期留下的黑色鹅卵石街道以及货运铁轨的遗迹。

2007年，纽约市历史建筑保护委员会将这里定为纽约市第90

个历史保护区，引导更多旧空间改造为设计工作室、画廊、剧院、书店和咖啡店。

你如果喜欢看好莱坞电影，一定在电影里见过丹波，因为不少电影在这里取景。《闻香识女人》里的盲眼退休少校开着法拉利带着年轻学生在这一带飙车。《纽约我爱你》中娜塔莉·波特曼扮演的犹太女孩和未婚夫见面的地方也在丹波的布鲁克林大桥公园。

从丹波出来，迎面就是东河，对面的曼哈顿披上灿烂的云霞，闪闪发光。你可以看到东河里湍急的水流，水面上摇摆的桅杆，以及被夕阳照亮的海鸥在高空划过。曼哈顿的天际线就在对面，等夜色降临的时候，天际线会慢慢隐入这个五光十色的大都会里。

在纽约，你会看到形形色色的艺术家，看到各种光怪陆离的美术馆和音乐吧，那里展示着世界一流的艺术。艺术永远都是最吸引人的，对一个城市来说，这是灵魂所在。纽约之所以是纽约，是因为它有属于自己的艺术性，这是历史的沉淀，也是它独一无二的气质使然。

除了艺术性，纽约夜生活的另一个重要方面是个体性。

虽然全球化已成为浪潮，席卷一切，但事情并不总是绝对的，一些人就是愿意保持更独立的消费方式，就算口味已经全球化了，他们也未必能以这种态度对待别人或者别的社交圈子。

真正在纽约享受夜生活的人，有一多半都不是纽约人，而是来自世界各地的游客和住在纽约附近的居民。有人统计过，在夜晚的曼哈顿岛上"疯癫"的 300 多万人中,本地居民不超过 100 万,其他都是外国游客和来自美国各地的"外乡人"。

全球化催生了体积庞大的商业模式,大型连锁商店挤进世界的每一个角落,它们凭借雄厚的资金和产业化的管理模式,飞快地占据每一个城市最好、最繁华的地段。也许在某一段时间里,他们因为提供了一站式服务,为自己争取到很多客户和资源。但是随着"90 后"的成长,随着网络技术的普及,人们越来越呼吁个性化。人们渐渐对连锁店千篇一律的模式和毫无个性的商品倒尽胃口,消费模式甚至开始"退化",更喜欢"十站式购物":在不同的地方购买不同的商品,而不是跑进一个大卖场搞定所有消费。因为"十站式购物"不仅仅是为了购买商品,而且还为了得到购物过程中的陪伴和仪式感,这是只有小店铺、小商家才可以提供的。

纽约在这方面可谓得天独厚,因为这世界上没有一个城市跟纽约似的,有这么多的移民;也没有一个城市跟纽约似的,可以在同化移民生活模式的同时,保留他们文化的特异性。

根据美国劳工部公布的数据统计,2015 年共有 2630 万外国出生的移民在美国工作,占全美劳动人员的 16.7%。这一年,外国出生的移民家庭为美国贡献了 1069 亿美元税收。从 2004 年到 2014 年,移民占了美国劳动力扩充的 47%。其中,西语裔人口占了美国移民劳动人员的 48.8%,亚裔为 24.1%,白人为 16.8%,非裔为 9.2%。移民不仅仅是生活在底层的外来人口,据统计,移民或者移民的子女建立了 40% 的福布斯 500 强企业,包括谷歌、苹果和英特尔。

移民为美国带来了活力，而纽约州的移民比例更是达到了22.6%之高，这还没有计算无注册移民，如果这部分移民也计算在内的话，纽约的移民比例无疑会更高。

移民带来了劳动红利，也带来了母国文化。美国文化对移民的包容度很高，移民可以在美国生活得十分自在。正是因为这种自在，让外来移民可以尽最大可能地保留自己的文化，为所在城市贡献出独特的文化味道，注入新鲜血液。

最先在纽约开展生意的是犹太人，他们以吃苦耐劳、坚毅执着和有生意头脑著称。大部分犹太人从手推车上起家，他们走街串巷叫卖零散物品，慢慢增加自己的营业额，最后发展为开办真正的实体店。犹太人多以零售商的面目出现，随着财富的积累，他们慢慢退出零售小商店的舞台。随后，巴基斯坦、俄罗斯还有华人移民开始接管了他们的地盘。每一个国家的移民都因为独特的文化传统而有自己的销售领域，比如说华人主要集中在餐饮业，巴基斯坦人喜欢经营杂货铺，俄罗斯人经营面包房，多米尼亚人经营裁缝铺。

如果说前几代的移民梦想以小型零售业为起点，再进行向上的社会流动，那么现在这种类型的经营模式却面临消失可能，取而代之的将是以市场为中心的商业士绅化。这是由移民结构的改变引起的。

以华人移民为例，大家对20世纪八九十年代的出国风潮或许还有印象。就好像《北京人在纽约》这部电视剧所描述的，那个时代的移民以能够在美国立足为最高目标,所以含辛茹苦、坚韧不拔,从低端、低回报、劳动密集型实体出发,掘取第一桶金,然后向社会上层攀升。

这种情况下,他们从事的商业活动有很强的过渡性,也不追求可持续性,可以说只是在这个城市立足的工具。他们用一个小生意养家糊口,给自己争取移民身份,给自己的家庭带来向上攀升的阶梯。仅此而已。

但是今天的华人移民跟以前不可同日而语,他们资金雄厚、眼界开阔,来到这片土地上并不希求留下来的机会,反而更看重这片土地能给自己带来什么样的机会。主客体的角色发生了变化,他们对怎么经营自己的事业也有了不同的规划,反过来,这种规划也为纽约注入了新的活力和商机。

不仅仅是华人移民有这样大的变化,整个纽约的移民结构都发生了变化。相较于20世纪八九十年代,如今新的企业家移民越来越多,而且几乎全部来自富裕国家,他们带来大量的资金和独特的文化,涉足高档服务业和奢侈品行业。

时代越来越呼唤个性化和小众化,最有生意头脑的商人都以抓住夜生活的商机为目标。大型连锁店在纽约虽然依然占据着最昂贵的地区,第五大道摩肩接踵的奢侈品商店依然有自己络绎不绝的客源,但是时尚有品位的小众商店也生机勃勃,甚至比以往任何时候都更有活力和前景。

这个时候，我们不妨举个例子，说说曼哈顿下城紧邻唐人街的奥查德街。

奥查德街十分狭窄，只有六个街区长，从北边临近东村的休斯敦街到南边唐人街边界的迪威臣街。它是下东区最著名的商业街道，布满玲珑剔透的精品店和小酒吧。这个社区的居民几乎都是欧洲移民，仅包括少数拉丁美洲和亚洲的移民，以及"新波西米亚"艺术家和充满创意的年轻人。

但是以前的奥查德街可不是这个样子，它又挤又乱，毫无章法。文学评论家欧文·豪曾经用尖锐的语言描述过20世纪第一个十年的奥查德街，他说："这里乱七八糟的，很难让人喜欢。公寓里挤满了过度拥挤的大家庭，所有人都在疯狂地抢占空间。"

当时的大街上，除了犹太人的肉店、糖果雪茄铺子、各种各样的廉价零售店铺之外，还有小蜜蜂一样的小贩在满街飞舞，他们热烈地叫卖，让整个街头更加拥挤不堪。在大多数美国人眼里，奥查德街就是肮脏吵闹的犹太裔贫民区。

到了20世纪的五六十年代，纽约城市规划委员会终于看不下去了，他们联合当时勇于创新的市长，决定大干一番，将这一区域变成现代化的街区。借助联邦基金和城市基金，他们拆除了乱七八糟的分租公寓，启动高层住房项目，甚至禁止手推车和街头贩卖活动。

政府的这两项措施导致奥查德街居住人口减少，食品商店关闭，却产生了另外一个良性结果，那就是高端零售商和服务业集中出现了。

整治后的街面干净整洁，更加吸引人，房东对房屋的租赁也必须通过政府许可，一些低端生意因此被淘汰了，小型博物馆、礼品屋、酒吧、有个性的咖啡馆迅速涌进来，很快，奥查德街就成了文化消费目的地。而这种氛围又反过来鼓舞了这条街上的产业链条，越来越多的游客被吸引过来，更多资金雄厚的时尚精品店和踌躇满志的大厨来到这里。人们发现，抓住夜生活才是商机所在，因为这种商业模式是最符合纽约精神和整体形象的。1990年以前，这条街还没有像样的吃饭的地方，到了2015年，6个街区就有18家餐馆和9间酒吧，还有7家画廊。很大一部分商家通宵营业。

在过去的十年里，奥查德街和整个下东区新开的精品店数量显著增加。它们来自世界各国，针对不同客人提供私人定制，在这里，你看不到千篇一律的商品，原创性和个性审美才是主流。

每年5月，这里都会组织春季艺术月，商家会在这一个月里尽可能地展示自己的独特文化。只有在纽约，你才有可能看到最偏远地区的文明。在9月纽约时装周期间，奥查德街还会组织艺术时尚之夜，来自世界各地的设计师会和当地设计师一起参加街头联欢，为纽约夜生活带来独一无二的色彩。

纽约，是城市两面性的最好范例。它的白天属于金融和政治，是刚性的，是鲜衣怒马的，处在世界之巅。但是，到了夜晚，纽约是属于文化和艺术的，是柔性的，是和煦柔风、七彩斑斓的，没有任何进攻性，反而产生出一种温存的包容性。

这种柔性不仅为城市带来色彩,也贡献了纽约服务业43%以上的销售额。而对于一些下午六点才开门的小酒馆来说,夜晚才是关键所在,掌握了夜晚,就掌握了一切。

纽约的夜生活就是从艺术和个性这两个方面彰显自己的独特性的。其实,这未尝不是夜生活的方向所在。基本上,一个城市有了自己的个性,有了自己的审美,它的夜生活就水到渠成了。

夜晚的东京：全球化和原真性的融合

✦ ✦ ✦ ✦ ✦ ✦ ✦ ✦ ✦

著名生活杂志《单片镜》（MONOCLE）每年都会出具一份全球城市生活质量排行榜。

这份榜单会综合城市安全度、国际连接性、阳光气候、建筑质量、公共交通、城市宽容度、环境问题、城市设计、商业条件和医疗保险等方面，来给城市排名。2016年的榜单不仅关注了城市白天的情况，同时也关注了夜幕降临之后的城市是否依旧有活力。

夜间经济有广义和狭义之分，前者包括人们在夜间开展的一切经济活动，包括商品和服务的生产、交换以及消费；后者仅包括人们在夜间开展的以商业零售、住宿餐饮、休闲娱乐、商务办公、体育健身等服务业为主的经济活动。

在评选活动中，《单片镜》指出："开放城市夜晚的活力，对我们每个人来说都会自由一些""将夜晚的人们拉进城市中，也会让街道感觉更安全"。

2016年，夺得该榜单榜首的是东京。《单片镜》主编布鲁尔表示，东京最吸引人的地方在于昼夜经济，他说："当别的城市还在讨论如何运行24小时'不夜城'的时候，东京已经做到了。"

2014年排名第一的城市是悉尼，它的"夜生活"于凌晨3点"闭幕",而东京的夜店平均凌晨 5 点关门。

东京在 2015 年就位列全球城市生活质量排行榜第一名,2016 年不过是蝉联这一荣誉而已。

一提到东京,人们脑子里想到的一定是热闹非凡的新宿和歌舞伎町,以及后来居上的原宿。

新宿有"副都心"之称,但多年来的发展,让它显然已超越中心部分的丸内、银座等地区。如今位于新宿西口的超高层大厦群已成为商业中心,新宿作为东京的"副都心"未免委屈了些,它俨然已是"新都心"的架势。

新宿的活力,可以从周末人群喧闹的气氛中体会出来。从一丁目到四丁目,吃喝玩乐全齐备,各种有特色的商店琳琅满目,从"步行者天堂"(节假日指定时间内,主要街道禁止车辆通行,以供行人散步)到狭长小巷,所到之处皆是人山人海。能吸引很多人聚集,正说明新宿具有无限魅力。

新宿东口是著名的歌舞伎町。如果说新宿车站东口前是东京的购物街,那么歌舞伎町则是东京唯一的娱乐中心。电影院、电动玩具城、迪斯科舞厅、酒吧等等,从深夜到黎明,人群络绎不绝,是个标准的不夜城。

歌舞伎町过去一直以娱乐为中心,购物活动并不占重要地位,但自从西武新宿车站的 25 层大楼完工后,1 至 8 层都是购物中心,布满了各式各样以年轻女性为销售对象的服装饰品店。

地下2层可通向新宿最大的地下购物街，可连接JR（日本铁路公司）山手线及其他轨道交通，另外也可连接伊势丹百货公司、纪伊国书店等处。

而最近才活跃起来的原宿，过去一直是幽静住宅区，近来摇身一变成为流行服饰的中心，完全被年轻人占领，成为年轻人的时尚集散地。

原宿的主要大道为由榉木夹道而成的"表参道"（星期日禁止车辆通行，供行人散步）。从JR原宿车站出来，右前方有座天桥，越过天桥后左手边看到的就是"表参道"，两旁林立着各种各样的服饰店、咖啡店、餐厅。一边看着许多打扮时髦的青年男女，一边逛逛两旁的商店，轻松愉快的心情无可比拟。

除了"表参道"以外，原宿另有一条为人熟悉的"窄巷"——竹下通。这条位于JR原宿车站竹下出口正对面的小巷，细细长长直通明治大道。两边有无数小店面，大多是以青少年男女为消费对象的服饰店、小吃店、偶像周边店、咖啡店等等，节假日被汹涌的人潮挤得水泄不通，来此购物的人可以说以牛步在移动，但是也别有一番乐趣。

随着全球化的兴起，日本经济也面临着同世界其他地方一样的威胁。经济的不确定性限制了顾客的消费能力，小型商业经济体也面临着跨国和本国的连锁商店、超级商场的竞争。根据2009年《东京政府都市报告》的调查，在东京这个拥有1200万人口的城市里，小型商业经济体（少于五个员工）的数量，从1997年的93000个减少到2007年的63000个。

在经济全球化的侵蚀之下，日本经济需要走出一条独特之路。特别是很多承载日本独特文化韵味的小店，比如说和服店、脆饼店、荞麦店，真的只能屈居一隅，充当释放人们乡愁的地方，然后在灯红酒绿的都市夜生活里沦为陪衬，最后日渐凋零吗？

事实上，东京的夜生活之所以有那样的魅力，恰恰是因为当地的商业街既充满了传统美学，同时也能很灵活地提供人们需要的现代产品和服务。我们看到的东京，是历史感与潮流化并存的，是东西文化结合的。

东京夜生活的独特魅力来自全球化和原真性的完美融合。

面对东京这座巨大的城市，我们不妨拿两条小街来具体分析。一条是麻布十番，一条是下北泽。

麻布十番位于东京市中心南郊，因修建地铁南北线和大江户线而成为主要商业街。

麻布十番始于江户时代，这条街上的很多小餐馆和小日用品店已经有200多年的历史了。但是这条街并没有陈旧的气象，即使是小巷子里，消费者也能在那些小而精致的高档餐馆或者商店里找到自己想要的高品质服务。

和麻布十番对比的是下北泽。它位于东京西郊，在小田急和京王井之头铁路线的交叉口，离市中心只有很短的路程。

下北泽纵横交错、歪歪扭扭的街巷让汽车很难驶进。这里一度商铺林立，野蛮生长，从杂货店、五金铺到剃头铺子都有，这些原生态的小店铺专门提供专业服务和生活必需品，以满足当地居民的需求。后来，这些小店铺逐渐被很多精品店、酒吧、餐馆和美发沙龙所代替，吸引更多时髦的人群前来消费。

两个地区的商店类型都很有特色。

麻布十番以高档次的时尚服装和美食闻名。到了夜晚，这里坐满了来自各地的食客，每一家小餐馆都座无虚席；下北泽以时尚音乐酒吧、小剧院和复古服饰精品店闻名。麻布十番有优雅的法式点心店，里面摆满了色彩斑斓的马卡龙；而下北泽的24小时外卖店里，则飘出纳豆浓郁的香气，这是日本人最喜欢的发酵过的独特豆瓣酱香。

虽然麻布十番和下北泽各具特色，但是这两条街也有一些相同的特点，不妨让我们近距离研究一下。

首先，麻布十番和下北泽都是比较特殊的"幸存者"，它们都维持着一种非常特殊的氛围或者环境，深深扎根在当地。这让它们都有浓郁的"日本风味"，相比其他巨型商业街、全球连锁购物中心，它们更有原汁原味的感觉。

但是它们对传统的保存又是非常灵活的，传统与现代的衔接非常顺滑。日本总是很擅长模仿、融合和变异来自西方文化的元素，同时还能巧妙地保存自己的文化。

在麻布十番，受到西方文化的影响，这里有法国餐馆、手工巧克力作坊，隔空照搬过来的法国时尚咖啡馆。很多在这里开店的人的灵感来自他们在纽约生活时的体验，所以西化是麻布十番刚刚进入商业街模式时最初的选择。但是现在，西化已经不是唯一的选择了。一些店铺模仿"韩流"或是选择有亚洲特点的风格，甚至再现"被遗忘的日本人"，于是各种各样的商业风格共存于麻布十番。

下北泽的商店也受西方文化的影响，不过这里的商店走的不是高档优雅的路线，而是模仿纽约东区常见的复古精品店，或是布鲁克林威廉斯堡的音乐酒吧和红酒吧。

顾客们来到麻布十番和下北泽就是为了感受这两种截然不同的原真性。他们不仅想要有形的商品，更想要在充满商业不确定性和文化遗失的地方找到"怀旧""恢复"甚至"反抗"的气氛。他们想要消费当地无形的遗产，例如历史和记忆。

全世界所有城市都在面临相同的问题，就是地方原真性遭遇了有同质化力量的全球资本主义。我们能够看到日本夜间经济的活力，但是事情并非如表面上显示的那么简单，好像开了居酒屋，开了深夜食堂，就可以完成夜生活升级一样。

事实是，任何一个商业区的存活，靠的都是管理上的不断创新和商业定位的不停调整，想一劳永逸地解决所有问题是不可能的。

在20世纪80年代中期，麻布十番附近的马路边曾经立着一个醒目的广告牌，上面写了一句奇怪的话：港区里的西藏。在日语里，"西藏"一词用来形容公共交通难以到达的地方。

东京的核心地带被划分为23个区，麻布十番位于港区，是这个地区的中心。如今的麻布十番占据着河流低地，三面环山，历史上它与城市的其他部分是隔绝开来的。从这一点来说，麻布十番很长时间都作为东京的"西藏"存在。

随着私家车的增多，城市有轨电车在20世纪六七十年代暂时消失了，这就意味着没有任何公共交通可以进入麻布十番。这虽然不利于麻布十番吸引外面的顾客，但它也因此在某些方面保留了自己的原生态。

在繁荣的20世纪80年代，当日本为自己的经济成就欢欣鼓舞的时候，麻布十番被发现了，并成为一个充满新鲜感的好地方，吸引很多人来此开设商铺和酒吧。

麻布十番靠近有名的夜生活区六本木。在1984年的时候，一家高档迪斯科舞厅把大本营搬到这里，这家歌舞厅名叫"王公"，是狂乱投机的"泡沫"经济的产物。但是这家歌舞厅帮助麻布十番塑造了一个高级商业区的形象。可惜好景不长，在80年代的后半段，麻布十番因为快速上升的房价和随之而来的经济"泡沫"破碎而灾难不断。

但是，麻布十番很快迎来了翻身的机会。

21世纪初，这里修建了第一座地铁站，为麻布十番带来了一波新的投资浪潮。三年后，附近建起了六本木之丘，这是一座巨大的、高楼林立的、混合使用的开发住宅小区。这为麻布十番带来了新的人口，于是奢侈品商店、独立产权公寓、高级餐馆和金融公司的写字楼,以及电影院和艺术博物馆都竞相涌进这个昔日的"西藏",整个地区高端大气上档次的形象被强化了。

如今漫步在麻布十番的街头上,映入眼帘的是公寓高耸的玻璃幕墙,沿街走下去,你还会看到很多老旧低矮的建筑,那里常常会有一块牌匾,告诉你该店正在举行百年店庆。很多世代在麻布十番做买卖的老板对这里有依恋之情,他们翻新了旧的木质建筑,让它们看起来古朴,但清爽干净。在这里你能看到星巴克,还有白人母亲推着婴儿车路过,为即将到来的万圣节而盛装打扮。与此同时,你一样能看到隐藏在大招牌下面的典当铺、小美发店、居酒屋和音乐吧。

现代与传统,世界和日本,完美地在这里融为一体。这会让人产生一种时空重叠的感觉,仿佛在历史和现代中穿行,令人神情恍惚。

地铁的开通导致游客数量直线上升。对于夜间经济来说,旅游业是助动力,是加速力,所以麻布十番的店铺种类悄然而迅速地发生着变化。

那些向附近居民售卖日用品的商店,例如榻榻米店、药店和家居用品店的数量下降了,相较之下,咖啡馆、餐馆和酒吧的数量激增,同时增多的还有艺术画廊和健身俱乐部。

有一个判断城市商业发展模式是不是新型士绅化的标准,那就是商业店铺是否为 ABC 类型。ABC 即艺术画廊(Art Galleries)、精品店(Boutiques)和咖啡馆(Cafes)。这些也是夜间经济的实体支柱。

所以，我们不妨看看1987年、2003年和2015年麻布十番的零售业情况。

商业类型	1987		2003		2015	
	总计	连锁店数量	总计	连锁店数量	总计	连锁店数量
服装	23	0	33	0	43	3
杂货店	42	4	35	5	39	7
咖啡店	72	1	78	4	114	8
日用品店	52	1	55	1	37	6
服务	36	7	32	8	60	14
其他	19	0	27	0	28	0
总计	253	13	260	18	321	38

来源：麻布十番商店街振兴组合，《十番网络月刊》。

我们从这张表可以很明显地看出，麻布十番2015年的连锁店数量比2003年翻了一番，这反映出该商业街在经济模式上的转型方向。

麻布十番不仅享誉东京，它时髦又传统的氛围还吸引了很多慕名而来的日本其他地区和海外的游客。

能够生发出一种既有"和风"又有"世界大同"的混合氛围需要极其复杂的策略。在麻布十番，社区周边独一无二的特色在一定程度上支持着它。麻布十番没有采取模仿其他商业区的老一套模式，而是用更加本地化的方式接受全球化的策略，巧妙利用了当地丰富的资源和历史遗产。

正是历史与地理的互相作用，创造出麻布十番"全球化原真性"的特殊平衡。它既给我们一种"日本风情"的怀旧感，同时它的商业模式和消费群体，又唤起了人们对西方文化的感觉，这些层次感共同塑造了麻布十番的生动形象。

下北泽的发展方式跟麻布十番是不同的。

在下北泽，你会遇到很多酒吧，这些酒吧会一直经营到凌晨。但是，哪怕你喝醉了，在下北泽行走也不必担心，因为这里的人多半都是步行，很少有汽车经过。事实上，周边区域连一个红绿灯都没有。

这里街道狭窄，还有很多细小胡同。你无须借助大型交通工具就可以游历整个区域。在室内设计与建筑规划中，有一个名词叫"人体尺度"，它是指在某个环境中，能让个人产生舒适感的范围和个人需要的安全限度。如果你不大清楚日本大部分城市的人体尺度，那么不妨来下北泽走一走，你会对这种尺度有一个感官认识。这种尺度就是美国文化景观学者切斯特·利布斯所称的"自行车社区"。

人体尺度狭小导致下北泽店铺密集。在街道的北边有许多服饰店、异域风情的咖啡店、装修精致但价格合理的法国和意大利餐馆，它们多深受年轻女孩子的欢迎。而在南边，则有许多面向年轻男士的酒吧、音乐俱乐部和二手服装店。

但是这里也一样有跨国和国内的连锁店，从麦当劳、优衣库到饺子王，应有尽有。

这种混搭模式，让下北泽成为东京最有活力的购物区之一，这里以"潮人"和"地下文化"闻名。

但是下北泽的发展也有自己的传奇色彩。

这个地方是在1921年关东大地震之后被开发成居民区的。第二次世界大战期间，下北泽奇迹般地躲过了盟军的轰炸，让这里的传统建筑和文化特征得以保存下来。战争过后，许多小商贩聚集到火车站附近贩卖稀有商品，渐渐形成一条黑市渠道。在接下来的几年中，众多小商店在这里开张，慢慢蚕食了这片住宅区。因为缺少市政府的干预，这种混乱无序的商业模式一直持续着。

这样的结果是街道一直很狭窄，也没有什么高层建筑，这在东京的商业中心并不常见，但是就像最近才有公共交通的麻布十番一样，特殊的经历使得下北泽拥有独一无二的魅力。

20世纪60年代，火车站南边开始了针对商人的治安管理活动。70年代中期，一些原来经常去新宿区的商店、酒吧和餐馆的年轻人搬到了下北泽，这对下北泽来说是一个成为"年轻人的社区"的转折点。

1979年，下北泽举办了音乐节，吸引了超过4000人参加，小型的现场音乐酒吧也在这片社区开张了，并发展出了波西米亚文化。1982年，本多剧场在附近对外开放。80年代后期，媒体开始宣传推广下北泽是年轻一代人的地盘。

下北泽独一无二的风格就是从那时起被强化的。当时东京其他的商业区由于城市重新开发而被推平，失去了往昔的风采，那些漂亮招摇、以人为本的步行街被高楼大厦掩盖，人们只能去下北泽这种地方去寻找。

下北泽吸引了更多独立经营的咖啡店、非主流精品店和音乐销售店，让这里多了一些政治自由的韵味和时髦的风格。根据MTV Japan网站的说法："如果说哪里是东京现存的独立音乐和艺术文化的核心地，那么就是在郊区的下北泽了。"很多在线旅行网站通常也将下北泽形容成东京最时尚的社区之一。

在下北泽有数以千计的商店、餐馆和服务机构，我们可以看看下面这个表：

商业类型	总计	个体私营点	地区连锁店	国内连锁店	未知
餐馆	283	175	81	25	2
咖啡馆和酒吧	144	129	12	3	0
货物买卖	176	102	58	15	0
杂货	20	15	5	0	0
服装	218	139	70	7	2
便利店	7	0	0	7	0
超市	3	0	1	2	0
服务	376	261	81	34	0
总计	1227	821	308	93	5

来源：明治学院大学服务部

从表中不难看出，餐饮行业是下北泽的主导，这里有283间餐馆，144间咖啡馆和酒吧。这里也有接近400家"服务性质"的商店和超过200间服装店。不过卖食品和杂货的商店不多，就只有3家超市和7间便利店。下北泽的商业格局反映出它是"生活式"的购物区，定位于年轻消费者。

跟麻布十番不同，下北泽并没有悠长的历史，在一个世纪之前，这里只是一个普通的小农村。在第二次世界大战之前，随着铁路的建设和新城市居住区的建立，这里被开发成一个典型的东京郊区。

二战帮助下北泽创造了自己的特点。第一，下北泽幸运地躲过了炸弹的轰炸，使得它能维持以前方便行人、狭窄街巷的实体结构。第二，车站附近开设的黑市使得这一地区成为吸引大家来购物的地方。

然而这些原因还不足以让它拥有"原真"的特征，它跟麻布十番不同，它没有传统的"和风"文化。但是下北泽也找到了自己的原真性，就是嬉皮文化。

下北泽的嬉皮文化主要是从20世纪六七十年代的美国引进的，这里的商店和俱乐部通过爵士乐、摇滚乐、时装、酒精饮料、咖啡、书籍和其他文化产物，把美国嬉皮文化传输给日本消费者。

20世纪七八十年代，一种新兴文化充斥着下北泽，它融合了新的西方潮流和日本传统文化。下北泽的摇滚乐团开始创作和演唱日语摇滚乐歌曲，而不再只是模仿美国和英国的摇滚乐队。一些咖喱餐馆也致力于开发一些新的、在印度本土也找不到的咖喱菜色。

另外，1982年开放的本多剧场也帮助社区成为业余戏剧爱好者们的朝圣地。因此，很多小剧场和音乐酒吧都如雨后春笋般出现在社区里。

这些改变让下北泽成为一个新城市文化和DIY（Do It Yourself，自己动手做）文化的孵化器，就好像曼哈顿的东村和布鲁克林的威廉斯堡一样。

可见，下北泽的发展走了跟麻布十番并不相同的道路，它并没有过于强调传统"和风"的价值,而是用日本的方式过滤了西方文化。今天的下北泽开始作为一个美国亚文化的展示地出现,但是,它也渐渐创造出独一无二的日式文化。

2013年,"米其林指南"第一次将日本的下北泽定为一星的旅游目的地。这本旅游书罗列了它的评判标准,包括"丰富的文化遗产、大量的休闲活动和原真性的魅力"。从这样的评价,我们可以看出,下北泽已经能够在文化和经济全球化的背景下形成强烈的地方原真性,是的,下北泽成为潮人集散地,成功地形成了自己独特的魅力。

不管是麻布十番,还是下北泽,这两条商业街的存活,靠的都是管理上的不断创新,原真性成为它们的商业定位。

和世界上其他地方一样,日本的商业街都面临着大型连锁商店、巨型购物中心和品牌折扣店的蚕食,更别说还有全球连锁店激烈且不公平的竞争。地方商业区必须面对威胁采取应对策略。

东京的商业街展示出令人印象深刻的文化包容性,这种包容的力量创造了原真的公共空间。但是这并不意味着一劳永逸,消费人群的喜好总是变化莫测的,特别是随着数字革命和信息产业的发展,人们口味发生变化的速度比以前更快,可以说,这是一个商业模式的淘汰率比以往任何时候都大的时代。所以现在的成功并不意味着永远,成功只代表了过去,还需要更多的努力。原真性购物街必须根据人口变迁而不断适应新的环境,重新成为多元文化的讲述者。

全球化的参与者了解原真性的真正价值,就像我们前面说过的麻布十番和下北泽，它们试图鼓励商业文化中"幸存的"甚至"反抗的"气质，成为全球商业景点名单中的一员，很明显，它们成功了。不管是麻布十番，还是下北泽，过去都被形容为过时的地方，但是现在呢？它们是"消费导刊""米其林指南"和其他购物娱乐网站上的成功案例。

　　这两个商业区的成功无疑告诉了我们，东京之所以成为东京，在于它的灵活与宽容，既能保留"原真性"，同时也参与到"全球化"的浪潮当中来；既保留了文化传统，又激发了自由商业模式。城市的魅力，全来自于此。

夜晚的上海：古老"帝国"的韧性

◆ ◆ ◆ ◆ ◆ ◆ ◆ ◆

上海的韧性，一定要从它的历史说起。

上海，简称"沪"，别称"申"。大约在六千年前，现在的上海西部已成为陆地，东部地区成为陆地也有两千年之久。相传春秋战国时期，上海曾经是楚国春申君黄歇的封邑，故上海别称为"申"。

公元前223年，秦灭楚之后设立会稽郡，治所在苏州。会稽郡辖缪县、由拳县和海盐县。缪县包括今嘉定、上海两县及青浦、松江两县大部分和市区部分地区。

公元四五世纪时的晋朝，松江（现名苏州河）和滨海一带的居民多以捕鱼为生，他们创造了一种竹编的捕鱼工具叫"扈"，又因为当时江流入海处称"渎"，因此，松江下游一带被称为"扈渎"，以后又改"扈"为"沪"。故称上海为"沪"。

而上海真正建城又要等到近一千年之后了。元朝至元二十八年（1291年），正式建"上海县"，这是上海建城的开始。到了明代，上海地区商肆酒楼林立，成为远近闻名的"东南名邑"。明末清初的时候，上海的行政区又进行了沿革，逐步形成了今天上海的规模。

到1840年鸦片战争前夕，上海县东至川沙，南邻南汇，西接青浦，北连宝山，已经颇具规模了，俨然一副大郡的样子。这个时候的上海县城里，有街巷63条，商店林立，鲜萃羽集，被称为"江海之通津，东南之都会"。

但是上海进入现代城市的发展模式，还要从开埠说起。

鸦片战争失败之后，1842年8月29日，清政府与英国签订了《南京条约》。条约第三款规定："自今以后大皇帝（清道光皇帝）恩准英国人民带同所属家眷寄居大清沿海之广州、福州、厦门、宁波、上海等五处港口，贸易通商无碍。"

接着，英国又以"理定善后事宜"为借口，于1843年10月8日又同清政府签订了《虎门条约》。条约第九款规定："在万年和约（指《南京条约》）内言明，允许英人携带眷赴广州、福州、厦门、宁波、上海五港口居住……但中华地方官必须与英国管事官各就地方民情拟于何地方、用何房屋和基地，系准英国人租赁。"

同年11月8日，英国首任驻上海领事巴富尔到任。他根据《虎门条约》向上海道台宫慕久要求划出一块土地作"居留地"，专供英国侨民使用。宫慕久居然以为华洋分居能避免"纠纷"，默许巴富尔的要求。

巴富尔在11月14日发出通告，宣布上海于1843年11月17日正式开埠。

在上海被迫开埠后的一百多年里，列强纷纷侵入上海，他们在上海竞相设立租界。先是英国于1845年在上海建立租界，接着，美国和法国也分别于1848年到1849年间在上海建立租界。后来英美租界合称为"公共租界"。从此之后的一百多年里，上海成了名副其实的"冒险家的乐园"。

那个时候国家积弱，租界成为海外列强蚕食中国利益的先遣阵地，最多的时候，全国一共有26个租界，其中上海占了3个。"但上海租界的面积，是全国其他23个租界面积总和的1.5倍，上海租界设立最早，其他地方的租界，都是把上海租界制度搬过去的（上海史专家熊月之语）。"

租界的成立从另一个方面带动了周边经济，把世界上最先进的商业模式带来上海，给上海的服务业、金融业、商业还有市政建设打下了基础。

最初设立的五个通商口岸（广州、福州、厦门、宁波、上海），上海居末席，为什么上海能成为五口岸当中最成功的呢？

广州是最早接触外国人的通商口岸，但是因为鸦片的倾销，广州人对外国人非常排斥。1843年开埠以后，外国人在十三行租了一些地方卖货，而广州人"一次又一次地扔石头打他们"，一直反对了十几年。后来外国人只好把广州的租界设在沙面，也就是珠江上的一个小岛，只有一条路通到岸上。如果您现在去沙面旅行，依然能看到很多欧洲风格的建筑。但是在近代史上，广州沙面租界没有多大的影响力。

英国人要求开福州为商埠，最重要的原因是看中了武夷山红茶。但是闽浙总督刘韵珂设法把所有茶叶产地通到福州的路口全部堵死，不许茶商经过。英国人从福州想买茶叶做生意，但没有人卖给他们。

福州开埠以后,差不多有十年时间没有多少生意。外国人不知道这些内幕情况,只是看到福州通商以后生意很不好。

另外两个通商口岸,厦门租界设在鼓浪屿,人气不旺;宁波距上海太近,资源和人力最终流向上海。

而上海自宋元开始就有经商传统,有独特的韧性。

外国商人来了以后,上海人觉得跟外国商人做生意和跟外地商人做生意是一回事。优越的地位、广大的腹地、深厚的人文传统这三方面决定了上海是沟通外部世界最好的地方。

从那个时候就可以看出,相比较广州的革命性、福州的官僚性、厦门的狭隘性、宁波的重复性,最终取胜的是上海的韧性。

上海的韧性直到今天都是它商业模式成功的主要原因之一,也是支持它在一次又一次的转型过程中屹立不倒的法宝。

今天上海已经是中国最大的经济中心城市,也是国际著名的港口城市。上海在中国经济发展中的作用怎么强调都不为过。现在的上海是可以跟纽约、东京平起平坐的现代化国际大都市,它既面向世界,又服务全国,带动了整个"长三角"。

你很难想象,就这样一个土地面积仅占全国0.06%,人口仅占全国1%的城市,每年完成的财政收入占全国的1/8,港口货物吞吐量占全国的1/10,口岸进出口商品总额占全国的1/4。

同样,上海的文化也独树一帜,它的文明程度、投资环境、商业氛围、人才密集度首屈一指,全国没有一个城市可以与其比拟,就算北京挟首都的威风也难以与上海抗衡。

特别是2016年，在世界经济震荡加剧，复苏乏力，发达经济体总需求低迷，长期潜在增长率下降，新兴经济体经济总体下滑，整个世界经济非常脆弱，隐患颇多的时候，上海经济依然坚挺。这一年，上海消费品市场运行总体保持平稳增长，商业转型升级稳步推进，新兴业态快速发展，消费结构不断优化。1月至11月，上海实现社会消费品零售总额9964.87亿元，比上年同期增长7.8%。

而2017年也是多事之秋，英国脱欧、美国总统更替、意大利公投、法国总统选举等持续冲击，世界经济进入波动加剧和不确定性升高的新阶段。但是，上海经济依然继续保持稳健，经济回暖初露尖角。

这是因为上海的韧性又一次起了作用。

近年来上海一直积极倡导发展新经济。新经济本质上是通过互联网技术，将生产要素和生活要素，以网络模式渗透扎根于各个行业，对整个经济体系产生颠覆性改变。这样的新经济具有个性化、柔性化、实时化的新特征，客观上会促进传统产业加快转型升级，从行业发展角度来讲，未来服务业和制造业必然高度融合，联动发展。

上海在服务业和制造业的融合方面有先天优势。上海的城市消费能力较高，上海消费者对新产品、新事物接受度高，这为传统产业和新兴产业产品更新升级提供了必要的市场需求和充足的市场容纳度。要知道，很多大型企业积极介入上海市场的原因，就是上海消费水平较高，企业可以有更好的发展空间。

同时,互联网服务业也需依靠传统经济的支撑,上海拥有高度发达的实体经济,大型高端企业云集、产业体系完备、市场化资源配置机制成熟等优势,是新型互联网企业首选的聚集地。

据上海市商委统计,2016 年,上海实现电子商务交易额 17283.7 亿元,比上年同期增长 21.7%。其中 B2B 交易额为 12243.7 亿元,增长 16.7%;网络购物交易额(B2C／C2C)为 5040 亿元,增长 35.8%。在网络购物交易中,商品类交易额为 2673.9 亿元,增长 33.6%;服务类交易额为 2366.1 亿元,增长 38.4%。

2015 年和 2016 年上海电子商务交易额基本状况

类别	商业类型		商业类型	
	总量(亿元)	增速(%)	总量(亿元)	增速(%)
电子商务交易额	16452	21.4	17283.7	21.7
B2B 交易额	12312	15.7	12243.7	16.7
网络购物交易额	4140	42.6	5040	35.8
商品类	2251	36	2673.9	33.6
服务类	1889	51.2	2366.1	38.4

从上表可以看出,上海服务业和零售业非常发达。这也反过来促进了上海的旅游业。每年都有大量国内外的游客来到上海旅游消费。2015 年全年,上海接待国际旅游入境者 800.16 万人次,比 2014 年增长 1.1%。其中,入境外国人 614.64 万人次,增长 0.6%;港澳台同胞 185.52 万人次,增长 3%。在国际旅游入境者不断增长的同时,国内旅游者总量也在稳步提升。2015 年全年接待国内旅游

者27569.42万次,增长2.8%;全年入境旅游外汇收入59.6亿美元,增长4.5%;国内旅游收入3004.73亿元,增长1.9%。

2011 年至 2015 年上海旅游状况

年份	国际旅游入境者	国内旅游者(万人次)	旅游产业增加值(亿元)
2011	817.57	23079.17	1411.26
2012	800.40	25093.69	1497.68
2013	757.40	25990.68	1400.80
2014	791.30	26818.10	1449.33
2015	800.16	27569.42	1535.64

综上所述,上海已具备国际消费城市的基础。像20世纪七八十年代的纽约、东京等世界大都市一样,上海也在用自己独特的魅力吸纳着来自全球的消费者,有效发挥了消费带动经济发展的作用。

国际消费城市的形成并非当地政府刻意规划的结果。这是个自然而然的过程。但是上海的城市属性也在其中发挥了本质性的推动作用,这就是上海的韧性。

谈完上海的历史和现在,接下来可以谈谈上海的夜间经济了。

"夜上海,夜上海,你是个不夜城。华灯起,车声响,歌舞升平。"这首老歌从70年前一直传唱至今,夜上海的歌舞升平、灯红酒绿,是那个时代人们纵情狂欢、享受生活的标志。到了今天你会发现,这首歌中传唱的上海仍然还在。

作为全球人都知道的国际大都市,"魔都"上海的一大"魔性"

就在于，它丰富多彩的夜生活总是令人着迷沦陷，让人无法拒绝。

每当夕阳西下，华灯初上，各种欲望与疯狂便开始蠢蠢欲动，让这座城市展现出突破想象力的精彩。逛街的魅力、购物的冲动、美食的诱惑，一并在夜上海的各个角落上演着。

晚上的上海从来都是比白天更光彩夺目，那些白天脚步匆匆、转战职场的白领，到了夜晚，摇身一变，化身红男绿女，融入滚滚红尘。

上海到了晚上10点后仍在营业的店铺超过了5600家，以上海2400万的人口计算，也就是说，基本不到5000人就会有一家"夜店"存在。这样的人口覆盖程度，已经远远超过了国家规定的中小学配比标准了。

而上海市政府也在有计划地推动夜间经济的发展，轨交线路"加时运营"的提议，让嗅觉敏锐的商家首先感到其中蕴藏的商机。在他们看来，周末轨交运营时长增加1小时，将为商业带来可期的利润增长。

说到上海的消费市场，就不能不谈到上海从下至上的商业发展，从中能够清晰地看出上海本地商业的韧性。

毋庸置疑，上海的购物已经多方面的全球化了，对高端品牌消费者和海外游客来说，在具有"上海第五大道"之称的南京路上看到路易威登和古驰这样全球一线奢侈品店，或者在位于金融中心的历史悠久的外滩看到艾米里欧·普奇，毫不惊讶。

影响上海经济的主要是三个因素：全球化、外来人口和政策。

全球化对当地商业的影响不是从 20 世纪 80 年代经济体制改革和对境外市场开放才开始的，而应该追溯至 20 世纪 20 年代上海首次以国际大都市的面貌出现在世人面前的时候。

那个年代的发展反映了自 1842 年以来，上海作为英法两国"通商口岸"的商业地位。殖民者在市中心和外滩的英、法、美租界建起了欧洲风格的商店、餐馆、剧院和酒吧，为上海成为魅力都市奠定了基调。这些商业基地，虽然隶属于殖民者，却让上海绚丽夺目。

外来人口一直是上海人口的主要构成部分，上海居民人数从 1842 年的 20 万人，增长到 1949 年新中国成立时的约 500 万人，到今天，上海已经有大约 2400 万的人口。涌进上海追求美好生活的外来人口，除了去工厂工作，很多人都被开店的机会吸引，做起了小饭店、小商店等服务类生意。

如果不是因为这些本地商店发展了基础商业设施，上海就难以容纳如此大流量的外来人口。上海经济生态系统的韧性，主要来自它"从下至上"的商业发展模式。

政府的政策一直在中国的经济发展中扮演着重要角色。

跟世界上其他大都市不同，在上海，来自政府层面的整体规划一直都没有停止过。上海作为体量巨大的经济体，如果完全依靠野蛮生长，也许可以形成小规模的生态环境，但是在整体性上一定会呈现乱七八糟的感觉。今天上海的井井有条是离不开宏观规划的。

近年来上海市政府的举措，是推出四至五个能体现上海饮食文化、民俗风情且满足海内外游客多元消费需求的"地标型夜市"，形态有特色街、餐饮积聚型夜市广场和商旅文体融合型夜市三大类。新天地和豫园、彭浦夜市和周浦夜市、七宝万科和大宁宝燕商城分别为上述三种夜市的代表。

对于"夜市"，有两个概念必须明晰。狭义的夜市，指具有自由交易性质的夜间市场，包括上海的昌里路夜市、彭浦夜市，以及在台湾旅游时常见的当地夜市。广义的夜市，泛指夜间消费市场，包括百货商场、商业街、夜排档，乃至文化娱乐设施，而广义的夜市正是夜间经济的缩影。

上海打造的"地标性夜市"扩展了传统夜市的概念。上海消费市场规模已迈入万亿元级。发展消费经济，就要充分启动市场。上海的城市特性也决定了真正的消费高峰都出现在夜晚和周末，尤其是餐饮、零售等"路过型"消费，傍晚5时至晚间12时才是每天的消费高峰。"把晚上的生意做出来"成为上海消费市场发展的新目标。

经历了1949年以前动荡的历史和之后一段时期的蛰伏，这座城市的商业生态再次浮现，它伴随着全球化的蓬勃发展，再次向世人展示了上海经济的韧性。

全球化是一场身不由己的浪潮，它裹挟了很多人，但是从这个浪潮中站起来，以绚丽之姿屹立不倒的上海，却让我们对上海商业DNA中的韧性肃然起敬。对夜间商业占整个商业比重50%以上的上海来说,对夜间经济的规划和发展是提升整个城市经济活力的重要环节,而海派经济的特色,正是上海这个城市经济模式成功的关键。城市只有发掘出它的独一无二性,才有可能在全球化中屹立不倒。

夜晚的长沙：娱人娱己娱天下

◆◆◆◆◆◆◆◆

长沙是中国历史文化名城，也是全国唯一一座三千年来城名和城址不变的城市。

长沙是珠三角经济区、长三角经济区、中部"两型"社会综合配套改革试验区的交汇点，是承东启西、汇通南北的枢纽，交通十分便利，已基本形成了水陆空现代交通体系。

2009年长沙黄花机场客运吞吐量已超过1000万次，居中部各城市之首。此外，湖南正在推进"长株潭"一体化发展战略，快速便捷的高速公路立体网使得株洲、湘潭、衡阳、岳阳、益阳、常德等与长沙的联系更为紧密，外来人口和流动人口增加更快。

长沙属亚热带季风气候，四季分明，严冬期短，暑热期长，白天热晚间凉，人们喜欢过夜生活。每当夜幕降临，华灯初上，市内的歌厅、酒吧门口人流如织，车水马龙。

在长沙这座古城里，存在着诸多历史文化地标，有岳麓书院、马王堆汉墓、三国孙吴纪年简牍、铜官窑等历史文化遗存，深厚的历史文化沉淀造就了长沙这座古城卓尔不凡的气质和"心忧天下，敢为人先"的人文精神。在漫长的岁月里，长沙城市文化虽经历了一次次的冲撞，却始终保持着鲜明的特色和个性，为以后这座城市文化产业形成品牌优势打下坚实的基础。

这里也是湖湘文化的发源地，吸纳了湖湘文化的精粹，有不达目的誓不罢休的拼搏献身精神和做事不注重精细模仿而讲究大气漂亮的性格特点。长沙的"文化湘军"中有一批具有敢为天下先的胆略、人无我有的创造性思维，善于吸收国内外优秀文化精华，不怕困难、一往无前、认死理的充满韧性的人，所以无论是出书、办报，还是拍电视剧、制作电视节目、娱乐演出都要做到与众不同，得到同行的认可、消费者的追捧。

这种"长沙人精神"成了长沙夜间文化产业发展的动力，为繁荣夜间文化产业创造了良好的社会环境。除此之外，得天独厚的地理位置、便利的交通网络、丰富的旅游资源和快速增长的人口为长沙夜间文化产业的发展提供了良好的客观条件。

每当夜幕降临，长沙就变得流光溢彩，精彩纷呈，显现出"不夜城"的景象。随着人们价值取向的多元化，长沙夜间文化产业也呈现出多元化的趋向。

有人捧着爆米花在电影院银幕前如痴如醉，有人走进棋牌室喝茶、打牌，有人在湘江风光带唱歌跳舞，有人来到夜间营业的市场逛街购物。长沙市民的夜生活不再是千人一面，长沙的夜晚越来越热闹。现在，酒吧、歌厅、茶楼、迪厅、西餐厅、咖啡厅、SPA馆、保健洗浴场所等各种夜间娱乐业态，在长沙可谓应有尽有，夜市消费、夜间旅游、夜间娱乐，酒吧一条街、餐饮一条街、歌厅一条街可谓鳞次栉比，吃、喝、玩、乐、购物、休闲全方位地呈现出来，成为夜长沙的亮点。

据调查，长沙传统的夜间文化消费仍占有较大市场，如看电影、喝茶、逛书市等；新兴夜间消费如蹦迪、洗脚、按摩、泡吧等发展较快。从2001年开始，横空出世的解放西路"酒吧一条街"，以及相继出现的演艺吧、音乐吧、迪吧等形形色色、风格各异的"吧文化"竞相成长，金色年华、挪威森林、魅力四射、香格里拉等一大批酒吧成长为长沙休闲夜生活的重要集中地。

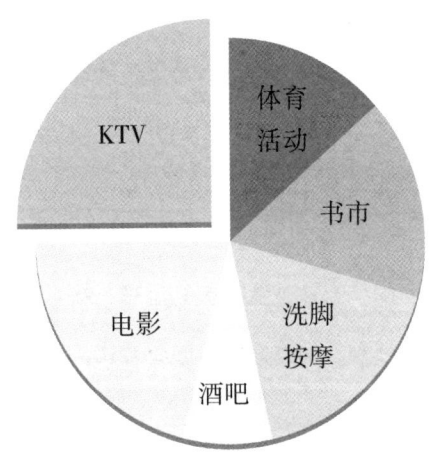

长沙文娱休闲特色鲜明，是长沙夜间文化产业中最具活力的产业，在中国社会科学院曾经公布的一项全国城市综合实力研究报告的排名中，长沙的综合实力排名35位，文化实力为25位，而休闲娱乐类排名竟是第1位。

以"茶楼文化""歌厅文化""酒吧文化"为代表的文娱休闲

体现了长沙夜间文化产业的独特性。2008年，长沙歌厅、酒吧总数超过400家，其中接待规模在500人以上的有19家，形成了解放路酒吧一条街、太平街清吧一条街。2008年全市歌厅、酒吧接待消费者5000万人次，拉动消费50亿，2008年长沙娱乐文化服务实现产值92.33亿元。长沙有近千家KTV厅室以及数十家大型综合娱乐服务中心，有洗浴场所1793家，洗浴城成了星城一道颇具特色的风景，形成了多门类、多层次、多形式、多投资主体的文化娱乐市场。

相关研究表明，人们的夜间文化活动基本服从空间上的距离衰减规律。与空间一样，时间同样是夜间文化活动开展的维度之一，也是人们开展夜间文化活动所面对的基本制约因素。不同居民拥有不同的夜间文化活动时间资源，形成不同的夜间文化时间利用结构，进而形成不同的夜间文化时间节奏。

根据调查显示，长沙市民在谈及终止夜间消费的时间时，选择21点至22点停止消费行为的约占62%，选择20点至21点的占22%，绝大多数人将22点作为夜间消费行为的承受底线。

长沙夜间文化产业的发展不仅提升了城市的品位，带动了经济增长，还为城市创造了无限的商机，对于促进经济社会全面协调可持续发展，对于促进人的全面自由发展，具有重大而深远的意义。

长沙市目前常住人口400多万，每年净增常住人口在5万以上，每年接待旅客2800万人次以上。这样高的人口密度，对拉动消费、带动经济增长的作用是十分显著的。随着长沙对外开放程度的不断扩大，许多来自广州、深圳、台湾等地的客商，为长沙夜间消费的扩张增添了动力。

随着经济的快速增长和城镇居民可支配收入的不断增加,长沙市夜间消费的规模不断扩大。根据长沙市统计局发布的《中部省会城市消费品市场分析比较》,2009年长沙社会消费品零售总额1524.9亿元,在中部六省会城市中位列第二。据统计,长沙歌厅酒吧吸引全国各地消费者5000万人次以上,拉动消费近50亿元,为长沙评为全国最具幸福感城市做出了贡献。田汉大剧院天天有演出,上座率在95%以上,被评为国家文化产业示范基地,得到了国家文化部的充分肯定。

长沙夜间文化产业的大发展大繁荣,极大提高了长沙的知名度,在全国,甚至全球营造了长沙影响力。长沙城市综合竞争力和对外吸引力大幅度跃升,国内外客商纷至沓来,知名企业纷纷落户。

长沙夜间文化产业的发展繁荣还极大丰富了人们的物质和精神生活,进一步提升了市民的幸福感指数,优化了投资环境,使城市在国内乃至世界的吸引力不断增强,美誉度不断提升,影响力不断扩大。长沙先后获得了十大品牌城市、十大创业之城和中国十大最具软实力城市等称号,连续三年被评为中国最具幸福感城市。

长沙的夜间文化产业与别的城市相比,活力和魅力在哪里?竞争优势又在哪里?通过对其业态的具体深入分析,我们可以一一找到答案。

我们根据对长沙和沈阳、杭州、南京、济南的文化消费进行的比较分析,可以得出结论:在这五座城市中,唯一不是副省级城市的长沙,其居民可支配收入居第四位,而个人文化消费则居第一位,可见长沙的文化消费市场非常活跃。

五座城市经济实力

	地区生产总值(亿元)	人口总数(万人)	一般财政收入(亿元)
沈阳	1900	693	107
南京	1910	640	169.9
杭州	2515	651	197.5
济南	1619	590	89.04
长沙	1108	600	104

目前,长沙的夜间文化产业的各种业态应有尽有,到夜市逛街购物的人络绎不绝,路边餐厅、饭店顾客盈门,痴男怨女到KTV尽情放歌,三五成群的年轻人在酒吧痛饮狂欢,长沙夜间文化产业红红火火,激活了无限商机。

吃:目前长沙夜市上百家,黄兴路步行街、坡子街小吃一条街已形成一定规模,人流量比较旺盛,效益可观。玩:酒吧、迪吧、洗浴城越来越多,内容越来越丰富。逛:黄兴路步行街熙熙攘攘,各大商铺门庭若市。游:湘江风光带美轮美奂,焰火表演美不胜收。

长沙夜间文化产业的业态总体呈现出一种强势发展的态势。

夜间界面下的长沙文化产业的发展有两个坐标,即横坐标和纵坐标。

横坐标从时间的角度出发,反映了不同时代、时期文化产业发展的状况。纵坐标从空间的角度出发，反映了不同区域文化产业发展的状态。

长沙文化产业的可持续发展要求横坐标和纵坐标协调发展，即不仅要协调好不同地区的文化关系，也要协调好不同时代文化的关系，从地理经济学的意义上，实现经济、社会、环境文化资源的统一和可持续发展。

长沙是一片多情之地，一座快乐之都。

今天的长沙"敢为人先"，已经"快乐中国"。歌厅剧院、酒吧演艺、电视娱乐等大众娱乐文化从这里崛起，实现了娱人娱己娱天下。

对于一座城市，只有触摸了它的夜晚，才能够更深刻地感知它的韵味与风情。

长沙的夜，或现代或古朴，或流光溢彩或温馨无比，夜间生活毫无疑问为这座城市注入了不一般的美。

第四章
Chapter 4

夜经济与产业——娱乐经济正成为重要引擎

夜晚作为时间段的重要性，越来越凸显，其至有时比白天更重要。作为一个固定空间的个体，你可以和这世界上处于任何一个空间、任何一个时间的人沟通交流，那么，夜晚和白天，在利用意义上还有什么区别？！

夜间经济更契合现代经济属性

◆◆◆◆◆◆◆◆◆

经济的模式总是在变换过程中，因为人类社会的模式一直在变换，经济是社会的一部分，它总是受社会格局中的各种因素影响而显示出独特的灵活性。

受宗教信仰、社会制度、市场额度、科技进步、人类创造力，以及是否具备成熟的商业中产阶级等因素的影响，经济，也会呈现出变幻莫测的面目。这就是经济的生命力所在。某些宗教在消失，某些政治制度成为历史，某些社会规范被扫进角落里，但是人类出于对物质的追求而衍生出来的经济活动，一直以某种方式顽强存在着。

传统经济与现代经济的最大区别，在于前者受到的种种限制，要远远超过后者。可以说，传统经济是在小盒子里呼风唤雨，而现代经济才是真正的海阔凭鱼跃，天高任鸟飞。

在小规模的传统社会里，经济生活受到极严格的束缚，因为生产资源相对有限，生产力相对固定，贸易空间非常狭窄，或者说相对稳定。在很长一段时间里，这种社会中的经济活动主要是满足本地居民的消费，它的活动范围限制于非常狭小的范围内，并不力求扩大其势力范围，也不追求最大利润率。

在人类社会历史上，经济体量大多是由土地面积和人口资源来决定的。在既定的生活活动和土地面积范围内，人口和收入可能出现短暂的起伏，这是由收成的好坏、疾病或者战争造成的灾害所决定的。这些因素通过相当复杂的渠道影响出生率和死亡率，使得人口大体上按照循环往复的方式变动。

在漫长的前现代社会里，有三种因素会限制经济进步：第一，人口增加给优良耕地带来压力；第二，要长期保持高效、廉洁和强有力的行政管理有一定难度；第三，国家有可能卷入战争，而战争的代价超过了在战争中扩大贸易、缴获战利品或夺得良好耕地所得到的补偿。

前现代经济学家一直认为："这个社会是受马尔萨斯人口论限制的，按照这一设定，人类的经济活动总是在一段增长之后就出现下降，在高产的蜜月之后，接下来的就是漫长的蛰伏期。"

所以，传统经济很难产生自我维持的增长，它的表现更像一个轮回，在前进和后退中完成一个经济周期，然后静待下一个经济高潮的到来。

现代经济里打破这个魔咒靠的是技术。新技术让我们消弭了黑夜和白天的界限，突破了经济上限，生产力得到极大解放，同时贸易范围也可以借助快速的传播手段瞬间膨胀到最大。这一切都是过去不敢相信的。传统产业在新经济模式中焕发出巨大活力。

新经济模式以娱乐经济模式为代表，信息时代昭示了娱乐经济时代的到来。

什么是娱乐经济？美国经济学家迈克尔·沃尔夫最早在《娱乐经济》一书中提出"娱乐经济"的概念，他从经济学角度的理解是，凡是能享受到乐趣的消费都可称作"乐趣引导消费"，"娱乐因素"将成为产品与服务竞争的关键，消费者不管购买什么，都会在其中寻求"娱乐"成分。

由此可见，娱乐经济是社会发展到一定阶段所产生的一种经济形式。娱乐经济是以产品或者服务直接或间接地娱乐大众而产生的经济，也包括将其他提供娱乐功能的产品或者服务相结合，间接娱乐消费者而产生的经济。

在这一章里，我们不妨仔细梳理一下传统产业的进化，通过了解它们的前世今生，来探寻一个产业在前现代经济和现代经济中的悄然转变。同时，除了传统产业，在这一章里，我们也近距离观察一下新兴产业。这些新兴产业，不管是移动互联网经济，还是网红经济，都是以前不曾出现过的经济模式，但是它们本质上和传统产业有着骨肉相连的关系，体现的都是人类对品质和自由的向往。

通过对新旧产业的分析，我们可以看到，在现代经济体系中，原有的壁垒被打破，经济从某种程度上不再仅仅是对物质的追求，很多时候代表着人性解放和精神自由。

在这一转变中，传统产业依然牢牢占据半壁江山，焕发着生机；新兴产业撑起另一半天空，来势汹汹。

本章里提到的产业有一个共同点，那就是它们都是夜间经济的主要内容。在繁星点点的夜晚，它们粉墨登场，承载着经济的洪流，也镌刻着过去光阴里的故事。

对于传统经济模式，我们主要挑选了三个模式来逐一探讨。这三个模式是支撑传统夜间经济的主要模式，它们的演变和发展有自己的历史和故事，即使作为文化掌故，也是非常值得了解的。

在任何一个商业区，我们都会找到茶社，有时还不止一家，它是夜间浮动光影里的一脉暗香。所以，接下来，我们不妨先一起来看看茶水产业吧。

饮茶：传统夜经济模式之一

◆ ◆ ◆ ◆ ◆ ◆ ◆

把饮茶作为一种习惯，是从中国开始的。

中国人有许多关于饮茶起源的传说。根据一种广为流传的神话，茶叶是五千年前的神农发现的。传说道教创始人老子在公元前6世纪游览四川的时候，曾经有人向他献过茶，孔子也曾经喝过茶。还有人认为茶叶是随佛教从印度传到中国的。但是这些传说都是后人撰写的，很难得到确凿证据的支持。但是不管怎么说，中国人饮茶的习惯非常久远。

关于茶叶的早期记录主要是描述茶叶作为一种药物在缓解消化或神经系统症状方面的特性。后来，才逐渐出现了有关茶被用作饮料的记载。第一位详细描述作为饮料的茶叶的种植、加工和泡制的人是公元3世纪的张仪，他介绍了四川和湖北的茶叶种植情况。

张仪说，茶农从经过修剪的齐腰高的茶树上采摘茶叶，茶叶被压成茶饼。张仪还介绍了泡茶的方法："首先将茶饼用火烘烤，直到其颜色发红，然后将其捣成碎片，放入瓷壶中。将开水倒在茶叶上，然后加入葱、姜和橙子调味。"

正是在茶叶由一种苦药转化成为一种可口的饮料之后，其消费量在公元5至6世纪才有了很大的增长。张仪还介绍了茶叶的一些其他功效:"饮茶可以醒酒,并保持头脑清醒。"

人们在几座汉墓中发现了茶叶,其中一个墓里出土了一个上面清楚地刻着"茶"字的青瓷容器。齐武帝在他的遗诏中要求人们在祭奠他的时候供奉茶叶。中国某些地方至今依然保留着用茶叶作为死者陪葬品的习惯:用红纸包裹一些茶叶放在死者的嘴唇中间。

茶在唐朝成为无可争议的国饮。在这个中国历史上的鼎盛时期,奢侈品的消费量在增加,帝国的疆域在扩大,对外贸易非常活跃。到了这个时候,王公贵族们早已养成了饮茶的习惯,而这个习惯很快就流传到社会各个阶层。交通状况的改善使人们能够更加方便地在这个幅员辽阔的国家中运输各种物品,茶叶在中国各地流通,并且越来越受到人们的喜爱。

人们发现,如果将茶叶蒸了之后再压成茶饼的话,就可以去除其令人不愉快的"青涩"味道。另外,此时在茶叶的压饼、穿孔和烘烤方法上也有了改进。经过压缩的茶饼不易变质,并且非常方便运输,因此深受居住在中国疆域之外的游牧民族喜爱。

饮茶习惯在社会上普及之后,有钱人不可避免地会去寻找"高品位"的茶叶。人们在奢侈品方面总是有一种物以稀为贵的心理。因此生长在高纬度地区的茶叶由于种植困难、产量低而获得了高贵的地位。

茶叶的泡制方法变得极为复杂,在煮茶所用的水、炭、茶壶和茶杯等方面都有严格的讲究,在这方面出现任何错误都是很丢面子的事情。在宫廷中,饮茶成为一种仪式,为了确保整个过程符合礼仪,皇帝和大臣们还专门聘请了"茶师"。

茶叶不仅仅是被当作饮料，它也是重要的贸易品。

中原地区的汉人与长城以北地区的少数民族很早就开始了茶叶交易。早在唐朝初期，就有汉人用茶叶与少数民族交换马匹的记录。而到了明朝，茶叶交易量大大增加，当时在西北边境地区设置的同少数民族进行茶马贸易的中介机构茶马司，在1398年一年之中就用50万斤茶叶换取了13518匹马。

用于交换马匹的茶叶大多数是红茶。为了生产这些茶叶，茶马司控制着大量的茶叶种植园。最初出口到西方的茶叶是绿茶，但是，红茶很快被传入西方，并最终主导了西方人的口味。

在17世纪之前，中国的茶叶贸易主要局限于与周边少数民族以物易物，真正使茶成为世界上最有价值的经济作物，并在全世界流通起来，还是要从英国人对茶的热爱说起。

最早接触茶叶的欧洲人是荷兰人与葡萄牙人，但是疯狂迷恋上饮茶的却是英国人。英国人是怎么陷于对茶叶的痴狂的呢？先从一个皇家婚礼说起吧。

1662年的时候，英国国王查理二世娶了葡萄牙国王胡安四世的女儿，这位公主芳名叫作凯瑟琳·布拉甘扎。实际上，查理二世早就有自己的情妇，但是虽然贵为国王，他也欠下英国政府巨额债务，而葡萄牙国王承诺给他50万英镑的嫁妆，于是查理二世在一大笔嫁妆的诱惑下缔结了这场婚姻。

凯瑟琳公主乘风破浪横穿英吉利海峡，除了给她的未婚夫带来现钱、土地和商品之外，这位有着饮茶嗜好的公主还带了一箱茶叶。

那个时候英国人还没有饮茶习惯。茶在中国成为普通饮料之后，又过了许多世纪才传到欧洲。最先接触这种饮料的是从事海上贸易的葡萄牙人，第一次将茶叶进口到欧洲的是深具商业头脑的荷兰人。有史料记载，第一批茶叶运到荷兰的时间大概是1606年。

英国人对茶叶的接受过程非常缓慢，他们偏居岛上，不知道欧洲大陆都在流行什么。直到茶叶传入欧洲60年后，凯瑟琳公主带着嫁妆来到英国，才使饮茶成为英国宫廷的一种时尚。随后，饮茶的习惯从宫廷传播到上流社会，到了后来中产阶级也开始追求这种时髦。

在凯瑟琳公主的嫁妆里还有一份大礼，那就是一个名叫丹吉尔的非洲贸易区，还有印度的孟买。查理二世将孟买转让给了一直苦苦哀求，希望能在西印度海岸建立基地的东印度公司。

东印度公司也迅速跟进，两年后，也就是1664年，东印度公司下了第一笔订单，从印度尼西亚的爪哇运回100磅中国茶叶。在随后的十几年时间里，英国每年进口茶叶的数量一直很稳定，都保持在三位数，主要满足贵族的需求。

后来随着茶文化在英国的深入普及，英国加大了茶叶进口。1678年，茶叶进口量增长到四位数，达到4713磅，但很明显，这还是不能满足英国贵族对茶叶的需求。6年之后，英国进口的茶叶数量已经高达38390磅了。

英国人对嗜好的接受程度是慢热的,他们一开始是谨慎的,是高傲的,但是一旦爱上这件东西,就会不加节制地任由自己深陷其中。

在接下来的一个世纪中发生了巨大的变化。18世纪英国的茶叶需求量以惊人的速度增长,英国人对茶叶的热爱程度超过了其他任何西方国家,只有荷兰人能够接近他们的程度。茶在法国等国家也曾经风靡一时,但很快被咖啡和葡萄酒所取代。

到了1750年,英国的茶叶进口量已经从几万磅增长到470万磅。这还仅仅是官方数字,因为东印度公司对茶叶进口的垄断,以及政府所收取的极高的茶叶税,使得大规模走私成为不可避免的事情。根据现代学者的估算,在茶叶税大幅度降低之前,茶叶走私每年都维持在300万英镑左右,甚至一度还超过合法进口的茶叶总量,达到可怕的750万磅。

在整个18世纪,英国人都在咖啡馆里饮茶,咖啡馆是英国人主要的社交场所。

从外观上看,18世纪的咖啡馆与今天城镇中的小酒吧没有多少区别,里面有一些供顾客坐着喝饮料的大桌子,也许还有一些供顾客站着喝饮料的较小的高桌子。在店铺前面有一个火炉,上面摆着咖啡壶、巧克力壶和茶壶。许多顾客会在那里吸鼻烟或抽烟斗。

在咖啡馆中很可能还有出售酒精饮料的吧台。随着时间的推移,咖啡馆开始提供大量的酒精饮料,而酒馆则出售很多的咖啡和茶,所以,已经很难再对这两者做出区别了。

对当时有钱的英国人来说，在咖啡馆饮茶是他们重要的社交活动。1714年，《鲁滨孙漂流记》的作者丹尼尔·德福来伦敦造访，他就曾经写道：

> 我住在一条名为帕尔莫尔德的街上，这条街是外地人聚居的地方。因为它靠近皇宫、皇家公园、议会大厦、剧院以及上流社会经常光顾的巧克力馆或咖啡馆。以下是我们在那里的生活方式：我们在早上9点钟起床，有些人去参加宫廷招待会并且会在那里一直待到11点钟，或者像荷兰人那样去喝茶。
>
> 在12点钟的时候，上流社会人士都聚集到了各个咖啡馆或者巧克力馆，它们都挨得很近，你可以在一个小时之内把它们全部逛一遍。
>
> 我们被用轿子抬到了这些地方，如果天气好的话，我们就会到皇家公园散步，直到下午2点钟去吃正餐。如果天气不好的话，我们就去怀特巧克力馆一边饮茶一边玩牌，或者到斯米尔纳咖啡馆或者圣詹姆士咖啡馆去讨论政治，那里有非常好的茶点。

这就是当时伦敦老城区时尚人士聚集的情况，在咖啡馆里饮茶成为上层阶级和中产阶级生活中不可缺少的一部分。

英国人对茶的喜爱一度超过咖啡。到了19世纪80年代，茶室出现了，茶逐渐取代了咖啡。

据传最早的茶室是伦敦火车站的面包房开设的，面包房老板娘邀请几位她喜欢的顾客到店后面的房间里饮茶。在看到这一成功做法以及向顾客销售饮茶时享用的食品的商机之后，茶室的数量几年中就超过50家，其中最有名的是1894年开业的里昂茶室。

里昂茶室最初是卖香烟的商店，后来它开始在大型展览会上提供包括茶在内的饮料。1888年，它在格拉斯哥的一个展览会上建立了临时性的"主教宫殿茶室"，并且让女服务员穿着"玛丽·斯图尔特"的服装招待客人。1894年，第一家里昂茶室在时尚的皮卡迪里大街开业，第二年又开了14家分店，到了1900年共开了250家分店。一份里昂茶室的报告很好地解释了茶室在半个多世纪内取得巨大成功的原因：

在此之前，带着孩子的妈妈找不到一个喝茶或者吃午餐的地方，餐馆中的价格太贵了。简而言之，里昂茶室为伦敦人以及外省人提供了在极为整洁干净的环境中享用既便宜又可口的食物的机会。在伦敦这个到处有着昏暗的酒吧、咖啡馆——里面的男女服务员懒散、邋遢——的枯燥乏味的城市中，这些崭新的金色和白色相间的茶室以及里面穿着统一服装的迷人女服务员让人顿觉眼前一亮。

英国人的饮茶习惯也慢慢从绿茶变为红茶。茶叶刚刚被引进英国的时候主要是绿茶，但是到了18世纪末，红茶的销量已经略微超过了绿茶。

英国人习惯在茶中加糖，中国人却从来不在茶中加糖。印度人的茶是加糖的。由于茶叶最初是经由印度西部的苏拉特港从中国进口到英国的，因此很可能是印度人的饮茶方式对英国船员产生了影响，而后者又对英国国内的人产生了影响。

18世纪茶叶的消费量剧增，导致同一时期食糖的消费量剧增，糖与茶之间的关系非常密切，所以18世纪有人用食糖的消费量来计算茶叶的总消费量。在1700年，英国进口食糖为1万吨，而到了1800年，食糖进口量达到了15万吨，从中我们可以估算出茶业消费量的上涨。

茶叶除了提供人们愉悦的感官享受和带来经济利益之外，还引发了两场战争。这两场战争分别改变了两个帝国的命运，一场是鸦片战争，它导致了一个巨大帝国的枯萎；另一场是美国独立战争，它昭告了另一个巨大帝国的诞生。

18世纪的最后一年，官方数据显示，英国茶叶的消费总量达到2300万磅，100年间增长了200倍。英国本地是不产茶叶的，所有茶叶依赖从中国的进口。当英国人慢慢意识到自己离不开茶叶的时候，他们也开始担心。担心什么呢？担心没有足够的银子从中国人那里购买茶叶。

英国人特别善于利用自己所生产或买卖的东西去换取自己所需要的东西，但是跟中国的茶叶交易让英国人很头疼，因为中国人几乎不需要从英国人那里获得任何东西，他们确信自己生产的东西比英国人试图卖给他们的任何东西都要好。中国人只对白银有兴趣。这给英国人造成很大的困扰，因为出口如此大量的白银会使英国货币贬值。

英国人首先找到的突破口是棉花，中国越来越多的土地都被用来种植利润丰厚的茶叶，以至于不得不减少棉花的种植。而印度出产棉花，于是控制着印度的东印度公司就用印度棉花交换白银，然后再用白银购买茶叶。

但是中国人对棉花的需求量远远低于英国人对茶叶的需求量，英国人还是处在贸易逆差中。于是英国寻找到了新的替代品，这就是鸦片。

鸦片很可能是由阿拉伯人带到印度的，具体时间已无从考证，但是到了16世纪的时候它已经在印度被广泛种植和买卖了，很可能在那个时候出口到了中国。

在1727年，也就是雍正朝的时候，中国鸦片的进口量为200箱，主要用于治疗病痛。到了1767年，也就是乾隆三十二年，鸦片的进口量上升到1000箱，开始有人吸食了。这些鸦片大多数来自印度。

英国人很快发现，出口鸦片给中国可以缓解自己的贸易逆差，而且换回的白银远远超过购买茶叶的所需。以至于印度的一位鸦片官员在1836年说道："我们鸦片机构的最大目标就是向中国提供适合中国人口味的鸦片。"

到了1830年，中国通过英国人从印度进口的鸦片总量达到了每年1.8万箱，相当于250万磅。中国出口的所有茶叶也不过220万磅。

在19世纪的第一个10年,英国向中国出口983吨白银,而在19世纪40年代,中国反而向英国出口了366吨白银。

鸦片和茶叶的互换贸易对中国来说是一场灾难。道光皇帝认为不能任其发展下去,应该采取禁烟措施,他任命林则徐为钦差大臣,前往广东对鸦片斩草除根。林则徐在广州不负众望,将两万多箱鸦片倒进了大海。

在损害了这么多利益的情况下,英国人决定向中国派出远征军,用武力解决贸易问题。

1840年6月,英国人在澳门沿海聚集了一支舰队,这只舰队由蒸汽轮船、装载了4000名士兵的运输船和16艘战舰组成。英国人不想攻城略地,他们只是为了鸦片和茶业贸易,于是他们把战火直接烧到北京,迫使中国皇帝屈服,签下了一系列不平等条约。这就是鸦片战争。

鸦片战争对中国历史接下来的走向产生了深远影响,它让晚清政局失去稳定,也引发了中国人民的仇外情绪。中央政府失去了对大片地区的控制,大多数中国人也因此认为清政府向外国人卑躬屈膝,从而对政府非常不满。这场战争毫无疑问地改变了历史,但是这场战争的起因不过是因为茶叶而已。

美国独立战争的导火索是"波士顿倾茶事件"。

茶叶最初是被荷兰人带到纽约的,并很快成为一种流行的饮品。北美殖民地上生活的是一群乐于接受新鲜事物的人,茶叶在北美的消费量很快就达到一个庞大的数字。

18世纪上半叶，英国政府禁止东印度公司从印度向美洲直接出口茶叶，它的茶叶必须在伦敦拍卖，然后由伦敦商人运输到美洲。由于这些茶叶进口到英国的时候需要支付高额税费，这导致运到北美的茶叶都贵得离谱，于是走私盛行。

美洲的走私茶叶大多数来自瑞典和荷兰。据估计，在1760年美洲进口的100万磅茶叶中，有四分之三都是走私茶。为了扭转这一现象，英国于1767年通过一项法律，对那些运送到美洲的茶叶实行退税政策，这基本上消除了走私茶叶的现象。1768年英国出口茶叶的总量上升到90万磅。

本来一切都平安无事，但是1772年的时候，东印度公司陷入了严重的经济危机之中，因为它有保留库存的习惯，日积月累，东印度公司的茶叶库存达到2100万磅。这是一个巨大的隐患，同时东印度公司还欠了政府100万磅的税费，于是它向英国政府申请直接向美洲出口茶叶，英国政府在1773年通过的《茶叶法》中批准了这一申请。但是英国政府规定，由东印度公司出口到美洲的茶叶所应缴纳的税款是每磅茶叶3便士。

美洲殖民地人民对这3便士的茶叶税非常反感。英国国会长期以来对于是否应该对美洲居民征税颇有争议，1767年，新上任的财政大臣查尔斯·唐森开始对美洲殖民地的铅、油漆、纸张和茶叶贸易征税。他的初心是好的，准备用所得的收入建立一个殖民政府。但是北美殖民地人民认为这样建立的政府将成为英国议会的附属品，与其这样，不如自己征税，然后建立一个政府，使之为美洲立法者服务。

北美人民对英国政府颇有不满，但是一直以来还算相安无事。1773年的《茶叶法》重新点燃了他们的怒火，他们不仅对这3便士的茶税感到十分恼火，而且还将东印度公司看作是对他们商业利益的威胁。

一些激进群体也号召人们抵制英国茶叶："不要饮用这种受到诅咒的东西，因为恶魔会随着这种东西进入你的体内，立即使你变成一个叛国者。"美洲各阶层的人民都团结起来，一起抵制茶叶税。

与此同时，不知死活的东印度公司仍按照既定计划开始向美洲出口茶叶，装满茶叶的船启程前往北美，在航行期间与外界失去联系，因此不知道外界发生的情况。而此时美洲大陆抵制茶叶进口的运动正如火如荼地展开。

1773年11月28日，东印度公司的第一艘运输茶叶的商船"达特茅斯号"抵达美洲大陆，停靠在波士顿。波士顿市民举行了大规模集会，他们决心阻止茶叶登陆或者拒绝缴纳税款。

1773年12月16日，大约有1000人来到了码头，他们叫喊着登上船，然后打开船舱盖，进入船舱，把里面80个装满茶叶的箱子和34个装了一半茶叶的箱子都抬到甲板上，把箱子弄开，然后将所有茶叶倒进大海。这就是"波士顿倾茶事件"。

这一暴力事件使英国议会非常恼火，他们封锁了波士顿港口，还通过了一项对殖民地实行直接统治的《强制法》。殖民地人民组织了抵抗，英国军队与当地民兵发生冲突，最终这场战争在1776年以美国独立告终。

当时一首匿名小诗对这一事件作了很好的总结："有谁知道，一些被扔进大海的茶叶，竟会使成千上万的人流血牺牲？"大家更没预料到的是，正是这件小事情，导致了美利坚合众国的诞生，由此改写了世界格局。

对于英国人来说，20世纪分为截然不同的两个部分。在20世纪上半叶，他们的国家发展成为一个横跨几个大陆的巨大帝国，并从全世界获得各种商品，不管是自由贸易，还是半掠夺性质。

但是在20世纪中期，二战爆发了。这场战争使英国人财源枯竭，他们失去了帝国的大部分领土以及支撑这个帝国的制造业。英国昔日的霸主地位被美国取代。这个时候的英国只好重新成为贸易国家，但是这次他们从事的是全球性贸易了。

英国的传统全球性贸易商品当然是茶叶了。在20世纪初，大英帝国拥有印度和斯里兰卡，它们是世界上最大的产茶国，产量超过中国。英国公司控制了世界的茶叶贸易，所产生的财富源源不断地流回到这个小岛国中。

中国一直以来都是茶叶大国。但是经过战乱和贸易封闭，中国一度沦为世界上第三大茶叶生产国，落后于印度和斯里兰卡。在2008年的时候，随着中国政治经济局面的稳定和发展，中国超过印度，成为世界第一大茶叶生产国，每年的茶叶产量达15亿磅，其中三分之一用于出口。

英国在长期的茶叶贸易中，形成了自己的茶叶帝国，在目前称霸世界的茶叶品牌中，大部分都是属于老牌英国茶叶公司，几经易手最后走向世界。今天茶叶生产位居世界前十位的国家中，有三个是原英属殖民地，位于第五的则是英国自己。这些数字展现出英帝国的一个有趣遗产：它在它的一些殖民地开始了茶叶生产，而这些殖民地的人民又成了最有热情的茶叶消费者。

当我们在茶社或者咖啡馆，叫上一壶绿茶，或是一杯加了焦糖的泡沫红茶，这盈盈一水间的清澈或者浓香，带给我们岁月悠长之感。但我们想不到的是，在这冉冉的香气背后，是经济和政治的角力，是历史和文化的变迁，岁月里沉淀着太多令人唏嘘的故事。茶叶具有如此大的魔力，也许恰恰是因为这个吧。

说完了茶，接下来，我们来说说酒文化。

酒吧：传统夜经济模式之二

◆◆◆◆◆◆◆◆

作为人们晚间聚会场所的酒吧有着悠久的历史。

大家对酒吧的认识也是各种各样的。有人说它是一个休憩处，有人认为它是一个公共的家，有人觉得它是一个表面安逸、暗含危机的陷阱，甚至有人认为它是一个地道的商业场所。

但是不管怎么说，酒吧的群众娱乐性不容忽视。凯特·福克斯在《英国人的言行潜规则》中这样描述：

> 酒吧是人们夜晚的生活、文化中心。虽然这种说法已经俗套了，但确实如此。酒吧在文化中的重要性是如何强调都不为过的。比方说，英国成年人中有四分之三以上进出酒吧，有三分之一以上是至少每周去一次酒吧的常客。对很多人来说，酒吧就是第二个家。对于研究学者来说，酒吧是赋予人们鲜明特性的最佳场所，因为不论年纪大小、身份贵贱、学历高低，所有行业的人都会频繁出入酒吧。如果不花很长时间在酒吧度过，就很难理解当地文化的本质。

好像为了验证上面这番话似的，关于酒吧的新词汇也在不断出现。在《牛津英语辞典》中，有很多词是专门为酒吧量身打造的。表示从一个酒吧到另一个酒吧，变换场地连着喝酒的词是"pub-crawling"，这个词是在19世纪初被广泛使用的。到了19世纪50年代，又出来两个新词"pub-going"和"pub-hunting"来表示相同的意思。

后来，到了1970年，又出现了"pub-lunch"（酒吧里的午餐），1975出现了"pub meal"（酒吧里的饭菜），1977年出现了"pub food"（酒吧里的食物），诸如此类，不胜枚举。

此外，1973年出现了"pub theatre"（酒吧里的剧院），1975年出现了"pub-singer"（酒吧歌手），1976年出现了"pub-rock"（酒吧摇滚）等词汇。

由此可见，本来就作为娱乐场所的酒吧又增加了新的娱乐形式。事实上，纵观酒吧的历史，你会发现，不管在哪个国家，酒吧总能顺应时代潮流，随着社会变化调整自身形态，创造新的文化。

不妨先说一下啤酒的诞生吧。

荷兰语的"bier"和英语中的"beer"（啤酒）的语源不知是否相同。因为英语中的"beer"一词的由来众说纷纭，有的说它来自拉丁语的"bibere"（喝），有的说它来自和"brew"（酿造）同词根的希伯来语"bar"（麦），甚至还有认为啤酒最初是用梨做的，所以"beer"一词来源于拉丁语的"pyrus"（梨）。另外，酿造啤酒的原料"barley"（大麦）一词也被认为是来源于"beer - lec"（啤酒草）。

人们普遍认为，在凯撒大帝攻占大不列颠岛的时候，用大麦酿酒的方法就已经在欧洲各国流传了。狄奥多罗斯在他的《历史丛书》中也写到，当时被叫作"大不列颠人"的凯尔特人，在节日的时候会喝一种由大麦、蜂蜜、苹果等为原料酿造而成的酒。

利用麦芽酿酒的方法是非常简单的。把酵母放到麦芽中并用煮过的水过滤，静静让它发酵两三天可以了。这种麦芽酒非常初级，几乎算不得酒，很多人把它当水来喝。

在欧洲的大都市里，随着人口的增加，生活废水、生活垃圾、家畜粪便和来自肉食处理厂、皮革制造厂的污水等严重影响了饮用水的安全，因此麦芽酒像牛奶一样成了安全饮品。早餐时，欧洲人通常会喝用榨过两次的麦芽汁做成的度数较低的小麦芽酒。这种酒几乎没有什么酒精含量，有时候妇女和孩子也喝这种小麦芽酒。在18世纪末茶叶未普及之前，人们把麦芽酒视为解渴的最佳饮品。

最美味的麦芽酒是僧侣们酿造的。在封建社会的欧洲，修道僧们对麦芽酒的发展做出了巨大贡献，直到现在，比利时的修道院啤酒也非常有名。因为修道僧们时间充裕，没有来自生活的压力，所以闲暇时间都花在怎么酿造麦芽酒上了。他们煞费苦心，在酿造麦芽酒的时候加入地棉、菊花等各种香料，使修道院出产的麦芽酒比平常人家酿造的口味更加丰富，有独特的口感。没有人对此提出异议，因为那个时候禁酒运动还没有开始，人们不认为酒精具有什么原罪。

酒吧的出现比啤酒要晚，"酒吧"这个词语是近代才出现的。《牛津英语辞典》中这个词语的第一个例句引自1859年出版的俗语词典。

俗语词典对"pub"的解释是：同"public"（公共的），"pub"是"public house"（公共的啤酒屋）的省略形式。《牛津英语辞典》中还强调"pub"（酒吧）是一种口头用语，在日语中与"pub"相当的词，算是"居酒屋"了，不过在意境上，二者是截然不同的。其实在"pub"出现之前，所有的卖酒、喝酒的地方都叫作"tavern"（酒馆）或者"ale house"（烈性麦芽酒屋）。

总之"public house"是今天一切酒吧的祖先，所以，我们首先从"public house"这个词语说起。

"public house"早在16世纪就出现了，最初只有表层意思：公共场所。进入17世纪之后，它也被用来指代"寻欢作乐"的地方，或者像小客栈、招待所一样可以提供住宿的地方。这些地方也可以为客人提供简单的饭菜，还能贩卖麦芽酒、葡萄酒、烈性酒等。

酒吧是既卖酒又可以供客人们喝酒的地方，一直以来客栈、酒馆都可以提供这样的服务，可是为什么后来又出现了实质相同、含义却有些暧昧的"public house"（公共啤酒屋）呢？这是因为社会上出现了需要这种场合的新阶层，他们需要一个有别于吃喝、住宿的地方，这个地方只供他们放飞自我所用，于是新形式的酒吧就应运而生了。

很多地方都卖酒，性质却不相同。比方说，酒馆中以饭菜为主、酒水为辅，客栈以提供住宿为主，公共啤酒屋则主要提供一个可以边喝酒边聊天的场所。人们喜欢去公共啤酒屋还有一个重要的原因——彰显自己的合群性。弗洛拉·汤普森在1945年出版的《雀起乡到烛镇》一书中有过这样一段描述：

> 男人们每晚都聚集到这里，即使是半品脱的啤酒也能悠闲地喝上半天。他们谈论土地、政治、农事……口若悬河、滔滔不绝，甚至有两个人突然唱起歌来，好像在炫耀他们重归于好似的。

在庆祝节日、教会活动、结婚仪式等场合，人们都会与朋友在一起畅饮畅谈。可以说，酒馆的出现就是这种饮酒需求的日常化，以前非要等到逢年过节才会有的狂欢，现在寻常化了，在平常日子里也可以享受，这对饮者来说不啻为一个巨大的诱惑。酒馆和咖啡馆慢慢变成不仅仅是休闲的地方，还是社交场所。汉普郡的治安法官曾对劳动者们说："酒吧是非常有魅力的，在这里不仅可以喝酒，还可以与友人畅谈，在这里人们说过的话会被不断地散播出去。"

再后来，酒吧里还可以进行扑克、台球等室内活动，并且可以开展板球、斗鸡等室外活动。随着各种酒馆的诞生，饮酒也越发变得日常化，而酒馆也不仅是一个喝酒的地方，它替代了原来祝祭节日的会场，成了一个能够给人们提供欢乐的场所。

现代酒吧的前身是"酒馆"，它有着非常悠久的历史，可以一直上溯到公元43年罗马军攻打不列颠岛的时候。俗话说"条条大路通罗马"，当时罗马军队为了能随时派遣军队，确实修了很多路。而且每条路上都设了很多供士兵休息、吃饭、喝酒的驻扎地，特别是在大城市。这些驻扎地，在拉丁语中叫作"塔贝露娜的酒馆"。

这些酒馆通常会把爬山虎或者葡萄藤蔓捆起来挂在店门口,这种叫作"布修"的东西是酒馆的特殊标志。相传在古希腊神话中献给酒神巴克斯的也是这种扎成束的小树枝。这种"布修"可以说是现在酒吧使用的招牌原型之一。

莎士比亚的著名话剧《皆大欢喜》中的女主人公罗瑟琳在戏剧结尾说的"真正的好酒无须布修",就好像中国谚语中的"酒香不怕巷子深"一样。当时罗马人非常喜爱象棋,为了表示能在酒馆中下象棋,有的酒馆甚至把棋盘挂在店门口。现在一些酒吧招牌上依然残存着的花纹就由此而来。

酒馆一经诞生就非常受欢迎。以英国为例,1272年整个伦敦只有3家酒馆,到了1309年,酒馆和麦酒屋的数量就超过1700家。最初的酒馆只出售葡萄酒,后来才慢慢地兼售麦芽酒,多数酒馆都是在二楼卖葡萄酒,一楼和地下室卖麦芽酒。通常,上流社会的酒客喜欢去二楼喝进口的葡萄酒,而普通百姓则在一楼或地下室喝麦芽酒解渴。

从那个时候起,酒馆就显露出它与众不同的气质,虽然将近千年过去了,虽然人们在不同的时代饮不同的酒,但是饮酒本身的意义并没有变,祝祭、畅饮的氛围也依然存在。1669年,一个从美洲来到欧洲的游客在他的旅行杂记中写下了一段文字,恰好说明了这点。

那里有数不尽的酒屋,里面的酒价格倒不算太贵。一楼总是挤满了普通百姓，混乱不堪；二楼的酒客则是五花八门，从手艺师傅到上流绅士，各个阶层的人各占其位。在酒馆中，除了出售叫作"萨克"的西班牙红酒外，还可以品尝到来自加那利群岛、马拉加、波尔多等地的高级进口葡萄酒，还有夸克麦芽酒和兰贝斯麦芽酒。

更重要的是，酒馆多集中在因外贸而发展起来的城市。不管是对于商人、律师、文人墨客，还是每日为生活奔波的老百姓，酒馆都是一个放松身心，放纵自己的地方，是和社会活动团体的据点有着相同作用的地方。

试想一下，只要一进入酒馆的店门，烦心事立刻就被抛到脑后，心灵也能从孤独中得到解放。坐到座位上以后，老板热情地招待，店员耐心地服务，一心一意只想满足客人的要求。在这里，一边喝着啤酒，一边放心大胆地和好朋友争论一个话题，发表一己之见，和朋友沟通交流，心情放松愉悦，这是多么惬意的生活状态。毫无疑问，提供这样场所的酒吧会盛行不衰。

进入17世纪，各种酒的消费量呈爆发式增长，不过这种趋势早在16世纪后半期就有苗头了。

在莎士比亚的巨作《亨利八世》中多次出现这样的台词："来吧，红衣主教，让我们开心起来吧！为了这些贵妇人的健康，让我们同饮五六杯吧！"从中可以看出，早在那个时候，人们就有了豪饮的习惯，开始干杯了。

其实，在亨利八世的宫廷中，提供给贵妇人们的早点就是"小麦粉面包、一加仑麦芽酒、一壶葡萄酒"。1512年法国一户叫帕西的人家的早餐记录显示，家里的男女主人除了享用特定食物之外，即使在封斋节的那段时间里，也还要准备一夸脱的麦芽酒和葡萄酒，就连下人们也会根据等级的不同被分配到一加仑或者半加仑的麦芽酒。

就连伊丽莎白女王也称麦芽酒润喉、可口，每天早上都要先喝一夸脱的麦芽酒。不仅是王公贵族，在当时的每个家庭，麦芽酒都是不可或缺的。据说当时在圣巴塞洛缪医院和基督教堂医院，即使是生病的孩子每天也要供给三品脱麦芽酒。

后来，酒馆开始盛行，生活富裕的商人和贵族依然保持早餐喝麦芽酒的习惯。他们到各自偏爱的酒馆中去享用"一杯早餐"——在温过的麦芽酒中加入蜂蜜、砂糖、香料等，他们称这样的麦芽酒为"珍品"，此后，在麦芽酒中加入杜松子酒的做法也出现了，并且盛行一时。

翻看那个时候欧洲人的生活记录，会发现大家对葡萄酒多有提及，但是对麦芽酒却所提甚少。这是因为麦芽酒就像面包和肉一样，因为每天都会吃，所以几乎没有人特意强调它。那个时候的麦芽酒通常是用来代替水和饭菜的。

实际上，在当时的欧洲，越是人口密集的大都市，水质越是存在着严重的安全隐患，人们时刻面临着霍乱和伤寒的威胁。而恰好在酿酒时需要一个把生水煮沸的过程，所以麦芽酒和啤酒比饮用水更加安全。经过两次沸腾的淡啤酒被称作"small beer"（淡啤酒）或者"table beer"（餐桌啤酒），因为度数比较低，所以经常用作妇女儿童的早餐。

如果从这个大背景出发，我们就不难理解西方人爱喝啤酒的习惯了。即使不用来替代饭菜，喝麦芽酒和啤酒也是一种最方便的补充营养的方式。麦芽酒由麦芽和水酿造而成，不含任何杂物，是富含矿物质和维生素的高营养饮品，有益于强身健体。

虽然爱尔兰人发明了自己的"生命之泉"——把研碎的麦芽蒸馏之后酿造而成的威士忌，此外还有被荷兰人称为"蒸馏葡萄酒"的白兰地，但是在欧洲被广泛饮用的还是麦芽酒和啤酒。

17世纪末在英国这个爱好喝啤酒的国度，麦芽酒和啤酒的产量已经超过了2300万桶，17世纪80年代后期到90年代后期一直处于高产量状态。后来因为英国清教徒的反对，麦芽酒和啤酒的产量一度下降，直到19世纪60年代，英国啤酒产量才又一次超过了2000万桶。但是不管外界环境怎么变，当时英国平均每人每天都会喝二三品脱的麦芽酒或者啤酒，这里面包括妇女和儿童，所以真正喝酒的人的日均饮酒量肯定会超过这个数字。

如此大的饮酒量，肯定会遭受来自以清教徒为主的市民们的攻击。

1604年，也就是英国詹姆斯一世即位的第二年，王室出台了禁止过度饮酒的相关法律。王室的理由也很充分，是这么说的：

过度饮酒导致社会犯罪现象不断发生。流血事件、杀人事件、砍人事件、破口大骂、奸淫掳掠等很多时候都与饮酒有关，可以说是过度饮酒助长了社会的犯罪风气。这些都是对神灵的亵渎，是英国的奇耻大辱。过度饮酒也是对上帝恩赐的滥用，它可以令商业一蹶不振，使工匠荒废手艺。总之，过度饮酒把我们很多国民推进了贫困的深渊。

英王室出台法律，规定如有过度饮酒者，课以罚款。

1604年的这条法律的重要性在于，它规定了醉酒完全属于个人的责任，但醉酒后如果出现粗暴行为则由酒吧老板承担责任。

不过，1604年的这条法律并没有取得明显成效，于是两年之后，政府又制定了新的禁酒法：因过度饮酒喝醉的人课以5先令罚款，或者6小时的烤脚刑；如果在自家或者附近因醉酒而惹是生非的，则追加3先令的罚款和4小时的拘留。

到了1609年，对酒吧老板的处罚规定也被列入了法律条文：对出现醉酒现象的酒吧处以三年禁止营业的惩罚。1625年，查理一世颁布了关于提倡举报醉酒现象的相关法令，并于1627年再次出台新政策——对于拒不缴纳罚金的醉酒者处以当众鞭打的刑罚，所获得的罚金将用于填补贫民税的空缺。

进入大航海时代之后，欧洲列强纷纷开始从海外获取财富。社会财富的急剧增加，导致欧洲各国的经济形式发生巨变，从贵族占有土地的封建主义经济，逐渐转型为以新型产业和商业为主的资本主义经济。换句话说，大部分土生土长的人从农业社会一下子转到了新型产业社会，这就是所谓产业革命时期。进入18世纪之后，工人逐渐代替农民活跃在历史舞台上。

在农业社会，工作和家庭是一体的，劳动也是在家庭这个共同体中进行的。饮酒活动也是以这个共同体为前提，遵循自然规律和农时节令进行。但是在都市生活中，每天严格遵守劳作时间的工人们，饮酒不再具备传统的仪式感，不必跟节日或者喜庆联系在一起。任何一个人，在结束了一天的繁重工作后，都可以到酒馆放松一下。

因为饮酒是最简单的娱乐形式，虽然偶尔会有人沉溺其中，但饮酒的确是把人们从机械式的繁重工作中解放出来的最好方式。而且在酒馆中，一些以前只在祭祀活动中才进行的娱乐活动，如斗鸡、赌博等，现在也随时可见。

对于生活在都市中的工人来说，最具有重要意义的酒馆要数麦酒屋了。然而在18世纪，本来简单朴素的麦酒屋在时代影响下也发生了改变。

在17世纪末以前，跟高档次的酒馆不同，麦酒屋本质上是一个举行祭祀活动、人群聚集、喝酒聊天的地方，也就是所谓提供"面包和麦芽酒"的地方。但是随着产业化的发展，贫富差距日益扩大，新的社会阶层出现了，而且在喝酒的地方也出现了"分栖共存"的现象。

旅店和高级酒馆是产业家和商人们交流信息、洽谈生意的地方，或者是有钱阶级聊天休息的场所；而本来就规模很小、主要由个体经营的麦酒屋则主要有两个发展方向：一是通过了治安检查的麦酒屋，它们像旅店和高级酒馆一样，越来越高档；另一个则是以贫民为主客的麦酒屋，这种麦酒屋越来越式微，自身也只能勉强度日。

随着都市人口的不断增加，新兴的工厂和商店逐渐向郊区扩展，新富人阶层也纷纷定居在郊区。这样一来，新开的高级、典雅的酒吧都分散到郊区，市中心的酒吧则逐渐荒废。

而随着酿造商生产规模的不断扩大，产业资本家性质的酿酒商诞生了。在此之前，麦芽酒和啤酒的价格都是以原料成本为基准来定的，可是自从出现了这种新的社会阶层后，他们开始以营利为目的做生意。

在18世纪初期，社会经济体制仍然是以农业为核心，劳动者之间贫富差距很大。当时的情况是：贫苦的农民都是喝自家酿造的麦芽酒，偶尔会到麦酒屋换换口味。但是随着人们生活水平的提高，越来越多的人会选择到卖酒屋喝酒，这样就导致麦芽酒价格的提高。再后来，哪家店的麦芽酒香，哪家麦酒屋人气旺，哪里就会吸引很多回头客。这就是麦酒屋由普通的酒馆转型为很多人聚集的公共酒屋的基础。

进入19世纪之后，随着产业化、都市化的进程，酒吧的发展也发生了巨大转变。极大地促进了小客栈发展的四轮大马车在19世纪中叶迎来了它的全盛时期，但是随着铁路的迅速发展，马车在陆上交通中的地位渐渐开始动摇。而且，就连曾经对啤酒等大件物品输送起到过重要作用的运河在这个时期也稍逊于铁路。

工业生产技术也在不断进步当中。自从1880年冷却装置问世之后，啤酒生产过程中对高温麦芽的依赖性就不那么强了，大量生产淡色透明的啤酒也成为可能。

但是对淡色麦芽酒的发展具有最大促进作用的，应该说是1845年降低玻璃制品税的政策。之前价格昂贵的玻璃制品现在可以方便使用了，市场上的瓶装啤酒也越来越普遍，就连酒吧里的杯盘也由原来的陶瓷品、白镴品，换成了大玻璃酒杯。本来就清澈纯净的啤酒配上透明的玻璃酒杯，更显得无比诱人。

1714年，华氏发明了温度计，1780年液体比重计也被设计出来，到了19世纪，能够保障大量啤酒稳定生产的冷却装置问世，后来又被不断改良。这些发明创造都对啤酒酿造技术的进步起到了很大的推动作用，啤酒酿造业的科学时代已经到来。

自从用精密镜片制造出高倍显微镜后，生物学研究也开始进入啤酒酿造业，在这方面取得最大成就的先驱人物就是路易·巴斯德。

巴斯德最广为人知的成就是在狂犬病、鸡霍乱、牛羊炭疽病等疾病方面的研究成果，其实，他对发酵的基础研究也为红酒、啤酒的生产酿造做出了巨大贡献。

1871年，巴斯德就职于惠特布雷德公司的切斯维尔酿造所。在工作中，巴斯德发现几乎所有的发酵过程都与微生物菌类密切相关，于是他就培育了一种新的酵母菌，以便能够在发酵过程中抑制具有阻碍作用的恶玉菌的生长。

后来证明，利用这种新的酵母菌确实可以酿造出更加美味的啤酒。就这样，一直被认为是神的恩赐的发酵过程经过科学的验证也不再神秘，而且人们逐渐认识到它是可以被科学改善的。记载这一方法的《啤酒的研究》一书，在之后很长一段时间都被视为酿酒业的经典之作。

随着酿造出更美味啤酒的科学方法被发现，啤酒的产量迅速增长，酒吧也有了新的变化，奢华的维多利亚酒吧出现了。

19世纪中期以后，以伦敦为首的都市相继出现了新兴酒吧，它们被称作"杜松子宫殿"。这些酒吧是由参与建造教会建筑的意大利建筑师设计的。店堂的正面设计了各种窗户，还有带装饰的镜子，一到夜晚，不计其数的荧光灯在酒馆前面闪烁，每天都能吸引很多前来观看的客人。

这些酒吧还用了非常考究的瓷砖和壁纸，装修非常豪华。大家一定没有想过，为什么酒吧喜欢用高凳，或者根本没有凳子。这是因为，人在站立的时候会缓解啤酒给胃肠带来的胀腹感，从而喝下更多的啤酒。酒吧老板为了能尽量多地接纳客人，把原来的椅子拆除，改装成了让客人直接站在吧台前面喝酒的布局，这真可谓是严谨周密的设计。

虽然这种酒吧装饰豪华，别具特色，但在功能性上跟以往没有什么区别，依然是莫逆之交们聚会闲谈的地方，是厌倦了繁重工作和家庭琐事的男人们逃离现实的避身之处。

是的，不管啤酒的酿造工艺发生了多少的变化，酒吧从诞生那天起作为老百姓消遣娱乐场所的属性就一直存在着，而且顺应时代的要求，甚至变得与生活更加密切了。

虽然酒吧经常被冠以"昏暗""肮脏"等修饰语，不过这也正好给人一种贴近生活、毫不拘谨的印象。不管是在僻静的山村，还是繁华的都市，老主顾们都喜欢三五成群地光顾这里。在多数情况下，这类小巧舒适的酒吧也被叫作"当地酒吧"。

到了19世纪，随着产业的发展，工厂的劳动者数量大幅增加，即使对那些外地人来说，酒吧也成了生活中不可或缺的重要元素。比方说，工会的产生就和酒吧有着密不可分的关系。

在18世纪初期，已经存在着一种叫作"贸易俱乐部"的由相同行业的人组成的社会团体，这些团体联合起来被称作"贸易同盟会"。这些同盟会就把酒吧作为集会场所。

在这里通常会举行一些扑克、球类等大众化的娱乐活动，有时候也会为了表达相互之间的友好而举办歌舞晚会。此外，这种酒吧也是互相介绍生意，推选工会领导人的地方，有的酒吧里还会摆放一个"工会箱"，是专门为了给伤病工友募捐项而设立的。在工会成立初期，酒吧就是工会的活动场所。

转眼到了20世纪，对啤酒和其经营者来说，20世纪初是寒冬的时代；对爱喝酒的人来说，这是一个令人不快的时代，因为这是禁酒运动发展到顶峰的时代。这导致了酒吧业不景气，并且在第一次世界大战期间更加严重了。禁酒运动家认为这是一个提倡禁酒的好时机，因为战争迫使人们不得不拮据度日。

确实，随着酿酒提纯技术的发展，酒精的危害在这个时候也显现出来了。劳动者经常因为彻夜狂欢而使出勤率下降，或者即使出勤了也是醉醺醺的状态，经常把事情搞砸，这引起了社会的极大不满。

于是政府出台了一系列政策，限制酒吧的经营。原来从早上一直到午夜，持续经营19个小时的酒吧，被勒令只能在两个时间段营业，分别是中午12点到下午2点半、晚上6点到9点，其他时间必须关门大吉。

啤酒的酒精度数也被要求大幅度降低，由曾经的7%下降到1919年的3%，啤酒越来越淡，几乎跟水没什么区别了。虽然加水稀释后酒精浓度降低了，但是啤酒税却涨了4.3倍。

与此同时，对酒吧的改善计划也在进行：限制酒吧的数量，保留口碑好的酒吧；在酒吧里出售低度数的啤酒，针对女性提供不含酒精的饮料、食品以及娱乐项目。这虽然不是绝对禁酒主义者的最终目标，但是受到了节制饮酒主义者的欢迎。因为大家都普遍认为，对酒吧的约束管理是形成社会良好风气的基础，只要每一家酒吧都规规矩矩的，至少街面上就会减少很多打闹和纠纷。

酒吧的外观和内部装修也往奢华的方向发展，很多酒吧都设计成华而不实的杜松子宫殿风格和维多利亚酒吧风格，以此来吸引顾客。实际上这是由从来没有在酒吧喝过酒，不理解劳动者心理的绅士想象出来的酒吧，对实际前来喝酒的人来说，外表的装饰是毫无意义的，大家来到酒吧，不是为了面子和虚荣心，而是为了放松。所以，酒吧的外表对饮者来说并不重要，以前甚至出现过在邮局喝酒的现象。

一战的时候，不仅很多欧洲国家禁酒，美国也在开展禁酒运动，甚至更彻底，以至于那个时候北美的艺术家和文学家们都喜欢聚在巴黎。除了他们爱扎堆之外，也是因为在法国他们可以肆无忌惮地喝酒。

一战时期，美国商船冒着被德国潜水艇击沉的危险向欧洲运送小麦，但是如果这些小麦不是用来制作面包，而是用来酿酒的话，美国就会停止援助。

于是，啤酒的产量因为战争和禁酒运动的缘故大幅降低。在威尔逊总统时期，啤酒的销售量从大战前1913年的127200万加仑，急剧减少到大战最后一年1918年的46000万加仑。在战争结束之后的1919年，啤酒销售量也没有恢复到战前水平，仅仅是78300万加仑。

因为宗教、战争和卫道士的影响，啤酒业总是呈现出波动状态，但是不管饮酒的形态发生何种变化，热爱饮酒的人并没有因此减少。酒吧经营者们也没有因此放弃，他们谋求转型，最成功的酒吧转型，是成为足球或者其他体育运动爱好者的聚会场所。

因为比赛场地周围酒吧很多，把总部设在酒吧的俱乐部和球队也逐渐增加了。不久之后，足球队掌握了主动权，干脆跟酒吧形成长期合作关系，一些酒吧的招牌也换成了比赛海报和球星，用来吸引顾客。

足球运动本来是禁酒人士限制饮酒而催生的新兴体育项目，就好像为了帮助某人戒烟，而鼓励他嚼口香糖一样。但是，酒文化比茶文化、咖啡文化更适合体育运动，于是酒吧和足球队之间的关系变得越来越紧密。由于需要扩大比赛场地接纳更多的观众，酿酒商和酒吧老板为比赛场地和设施的建设提供了资金支持，很多足球队的赞助商名单里都出现了酿酒商的名字。

据说1911年有背景的酿酒商甚至持有足球队和俱乐部15%的股份。今天，酿酒商为成为足球队的赞助商而投入大量金钱的做法已经毫不稀奇了。我们看球赛的时候，总是在场地周围看到大量诱人的啤酒广告，其实这种习惯就是从20世纪开始的。

过了没多久，二战爆发了，禁酒人士又开始高兴起来，他们回想起一战时获得的禁酒成果，于是又一次展开了禁酒运动。有一些人甚至宣称："现在我们面临的敌人有三个——德国、意大利和啤酒，那么，啤酒就是里面最邪恶的敌人。"啤酒比希特勒还厉害，这在今天看来是耸人听闻的观点，但是他们也有自己的借口，那就是，许多国家衰退的原因就在于国民在道德上的沦陷。在人类面临灾难的时候，总是有人各种瞎起哄，胡乱找原因。

但是很明显，温斯顿·丘吉尔的脑子一直很清醒，他并没有跟着禁酒运动家们瞎嚷嚷，相反，他认为没有比酒精更能唤起民众的爱国主义热情的了，而在战争期间，一个国家需要的就是爱国主义。所以丘吉尔规定："务必保证在前线抗战的士兵每周能得到4品脱的啤酒供应，如果做不到这一点，后方的战士一滴酒都不许沾！"可以想象这一号令一出，前方的战士们会有多开心，而后方的酒鬼们又多了一个奔赴前线的理由。

受丘吉尔的影响，很多欧洲政府也认识到了一杯啤酒对于鼓舞国民士气、保持不屈精神所起到的重要作用。在物资匮乏的战争时期，一些重要的食物是按照配给制度定量分配给每家每户的，但是啤酒并不在定量配给的范围之内，因为它绝对要"充分供应"。吃不上饭不要紧，来杯啤酒吧。

对于部分从事繁重工作的劳动者来说，啤酒既是饮品又是主食，同时也是散心解闷的工具。就这样，啤酒再一次承载着爱国热情、肩负着富国强民的重任兴起了。当时各界人士都响应丘吉尔的号召，对啤酒大加赞扬。是的，哪里都不缺凑热闹的人。比如1940年8月23日的《教会时报》中有一篇文章是这样说的："战争爆发了，人们比平时更加渴望面包和啤酒，啤酒是英国人饭桌上必不可少的，它既可以使人精神振奋，又有助于营造和睦的家庭氛围。"

而酒吧也因祸得福了。由于战争期间空袭不断，其他的娱乐场所都被迫关闭了，只有酒吧还开张。于是酒吧再次成为人们的活动中心。在这种情况下，酒吧既是提供酒食的娱乐场所，又是公共避难所，人们还可以凑在一起醉生梦死，聊聊战争的八卦，想一想是不是来日无多。于是，很多之前从不踏进酒吧门槛的人也开始频繁出入这里。

二战的另外一个副产品是女权主义的兴起。随着时代的发展，女性的收入大大增加，她们的自我意识也慢慢崛起。但是迫于时势，她们没有办法去旅游、去购物，所以也只能待在酒吧里消遣时光。其实很多来到这里的人并不是为了喝酒，而是想表达一下自己关心国家安危、支持前线同胞的热情。

啤酒不再是一种单纯的饮料，而是作为爱国心的象征重新出现在大众面前。酒吧也一改昔日昏暗、肮脏的阴森形象，转而变成积极向上、充满团体意识的阳光场合。

从二战之后直到现在，酒吧在全球经济中焕发出新的生机，也继续扮演着重要的角色。酒吧也开始追求连锁化、品牌化和多样化。酒吧中也不仅仅出售啤酒，各种各样的酒精饮料和非酒精饮料都出现在这里。

经过多年的进化，酒吧的文化性质更加凸显。在瞬息万变的历史发展潮流中，酒吧正是由于不断地自我改革才得以生存下来，并成为各个社会群体的文化中心。模式化的酒吧是不存在的，每一个酒吧都因为自己的独特形态而存活下来。根据不同的地理位置、不同的社会群体、不同的目的，酒吧必须是各不相同的。即使是同一家酒吧，在工作日和节假日、白天和晚上也会呈现不同的形态。

每个人的心中都有一个自己理想的酒吧。有人把酒吧想象成遥远村间的小客栈,也有人把它想象成村子里的酒屋、街上的迪厅,甚至可能是贫民窟里的小酒馆。如果非要给酒吧赋予一个特定的形象,那就毫无意义了,也是徒劳无功的,因为酒吧的形象是由它所处的时代和你所在的阶层决定的。

换言之,酒吧就和这城市的夜晚一样,它反映的是你的内心,体现的是你的灵魂。每一个走进酒吧的人,都是一个渴望跟自己对话的人,这是夜晚的本质属性,也是酒吧的内涵。

咖啡馆：传统夜经济模式之三

在中国，没有什么比咖啡店更能代表一个城市都市化程度的了。几乎任何一条商业街都有大大小小的咖啡店。清晨，上班族从这里握一杯咖啡步履匆匆而去。夜晚，靠街的大窗户上映出红男绿女对坐小憩的身影。

咖啡店对于我们来说，更象征了一种文化，一种慢下来、静下来、精致下来的文化。它在商业上有多么成功，就意味着现代人内心是多么渴望安宁。

但是咖啡跟茶和啤酒一样，只是一种普通的饮料，咖啡店是包裹其上的文化附加物。很多时候，我们消费的是咖啡店文化。咖啡这种饮品作为咖啡店文化的基础，有它独特的魅力。

虽然亚洲人对咖啡的喜爱还仅仅局限于一小部分人，但是世界人口中相当大比例的人群每天都在享受咖啡。咖啡香浓、可口，还可以任意添加牛奶和糖，关键是咖啡可以给饮用者提供咖啡因，让他们一天活力满满。

咖啡店可能是唯一超过茶社和酒馆的饮品店。无论是在欧洲、美洲还是亚洲，你都能看到形态各异的咖啡店静静处在街头一角，门口有干净的庭院和巨大的遮阳伞，坐满走路走累了停下来歇息的人们。你路过的时候，总有一股咖啡芳香伴随着你。

道琼斯商品服务机构关于咖啡对国家经济的重要性的判断与世界银行的评估相互呼应，它指出：仅仅意大利的11万家咖啡馆就容纳了30万人在此工作，单日销售的香浓咖啡就达7000万杯。

美国咖啡市场每年的经营总额为190亿美元，涉及15万工作者，直接为1.61亿消费者提供服务。美国专业协会估计：如果把从咖啡机生产者到咖啡杯制造者都计算在内的话，美国咖啡相关产业的就业人数就会升至1500万。一家主要的咖啡加工企业声称，在日本，有超过300万人的工作直接或者间接与咖啡有关，要知道，这是日本劳动大军总数的4.5%。

可能很多人并不知道，咖啡是世界上价值仅次于石油的贸易品。1991年，全球咖啡市场销售总额是300亿美元，其中咖啡生产国得到120亿美元，占40%。目前的统计显示，全球咖啡销售带来的年总收入在55亿美元上下。

尽管有这么多人从事跟咖啡相关的工作，但是我们对于咖啡的起源却所知甚少，那么咖啡是怎么成为人们的饮品的呢？

大约在1502年，位于阿拉伯半岛西南的也门，出现了一种用原产自埃塞俄比亚的植物的果实制作的新饮料，这就是咖啡。咖啡首先是在中东地区迅速流传开来的，人们管它叫"阿拉伯酒"。咖啡在历史上一直与殖民主义携手并行，咖啡贸易是16世纪奥斯曼帝国创立和稳定的重要因素。它最初于15世纪后期在也门作为一种神圣的礼仪用品而被消费。从那以后，咖啡消费迅速在那里传播开来。

到了16世纪末的时候，欧洲商人和旅行者开始试探着到奥斯曼帝国境内探险，开罗和君士坦丁堡中顾客云集的咖啡屋吸引了最早来到东方的欧洲访问者，"阿拉伯酒"也随之传到欧洲。到了17世纪，咖啡在欧洲——尤其是英国、法国和荷兰——已经非常流行了。

17世纪，正是欧洲大陆的商人、水手和冒险家通过先进的武器和技术开始完善自己羽翼未丰的贸易帝国的时候，咖啡是他们要在东方寻求的价值最高的货物之一。但是咖啡的供给却一直处于奥斯曼帝国的垄断之下，这让欧洲人非常不满。

到了18世纪初，荷兰人、法国人以及英国人设法弄到了咖啡树苗，把它们栽种到自己的热带殖民地，在使用奴隶或者近似奴隶的劳工的种植园中栽培。

咖啡树是一种热带常绿灌木。人们种植的主要品种是原产于埃塞俄比亚的小果咖啡，另一个品种是同样原产于非洲的粗壮咖啡，但是种植的规模较小。

在18世纪初，葡萄牙、西班牙、荷兰、法国和英国等殖民国家开始在它们的热带殖民地种植小果咖啡。借助这个时候打下的基础，巴西后来成为世界上最大的咖啡生产国。

这种植物在气温29摄氏度、年降水量1000—1500毫米、海拔为1200米左右的地方生长得最好。在成长三四年之后，咖啡树就会开出一簇簇气味芬芳的美丽白花，一般每季开一次花。这些花会结出红色的浆果，在每个浆果中有两颗种子，也就是"咖啡豆"。

通过一个简单的程序，人们将咖啡果放进搅拌机中除去其外皮，洗掉皮下面的浆状物质，然后将咖啡豆晒干或烘干。这一过程通常是在种植园中完成的。咖啡豆的脱壳过程在销售商的库房中完成。随后咖啡豆就可以烘烤、研磨了，而这一过程最好是在饮用咖啡之前进行。

目前控制着世界咖啡贸易的四家跨国咖啡加工企业分别是：宝洁、雀巢、莎莉以及菲利普·莫里斯，它们共占咖啡贸易份额的40%。星巴克，这个国际咖啡贸易中姗姗来迟的新角色，也在获取巨大的利益。它成立于1971年，一开始只是出售咖啡豆，后来转型为现在的经营形态，并迅速成为美式生活的象征之一，目前在全球有约21000家分店，其中12000家位于美国境内。值得一提的是，"星巴克"这个名字来自美国作家赫尔曼·麦尔维尔的小说《白鲸记》中一位处事极其冷静、极具性格魅力的大副，他的嗜好就是喝咖啡。

咖啡消费在欧美地区已经很普遍了，其中大部分消费是在商界、文化界、政界人士聚会的咖啡屋中。与其他公共聚会场所、酒吧或者教堂不同，咖啡因本身的作用保证了咖啡屋中多半会有活跃、信息性很强的争论和热烈、新颖的交流。咖啡屋在许多财经机构的创建中扮演了关键性的角色，促进了咖啡消费的增长。可以毫不夸张地说，咖啡在我们的时代居于自由市场经济成功的核心。

在西方资本主义财经和文化机构兴起的过程中，咖啡屋文化所贡献的力量不应该被低估。

伦敦市的咖啡屋是类似股票交易所的孕育者。美国《独立宣言》是在佛罗里达商人咖啡屋前首次公开宣读的。当选的总统乔治·华盛顿在纽约商人咖啡屋前受到隆重欢迎。如果他能在两个世纪以后从那家咖啡屋所在的地方前行几百米，就能走进咖啡、糖、可可、期货四合一的交易市场——世界贸易中心。2001年，这个中心在由本·拉登策划的"9·11"恐怖袭击中被摧毁。而本·拉登的祖先来自也门，那里恰恰是咖啡的故乡。

1849年1月10日，英国维多利亚女王宣布，即日起改革英国邮政系统，邮费由寄信人承担，这标志着现代邮政的开始。这就是"一便士邮资制"，人们只用一便士就可以寄一封预付邮资的信。"一便士邮资制"就是利用咖啡馆来收集和递送信件的。

除了作为信件的集散地之外，咖啡馆也作为开会和交易的场所，像东印度公司、哈德逊湾公司、利特凡公司等大型贸易公司都常常把咖啡馆作为自己的交易厅。医生们也在咖啡馆中做广告推销自己的药品。

咖啡馆在英国并不是最早的世俗聚会场所，因为小酒馆已经以这样的社会功能存在了数百年了。英国的咖啡馆是一个严肃的场所，在那里，拥有很高社会声誉和地位的人可以和其他阶层的人聚集在一起。这个具有包容性的社会交往环境反过来又促进了具有相似兴趣的人组成社团，其中包括文学、商业、科学或政治社团。伦敦的咖啡馆经常被戏称为"便士大学",因为只要交一便士就能入内,而在那里获得的知识却是无价的。

一些非正规的商业社团汇聚成了伦敦的强大机构,其中劳埃德咖啡馆中关注海外运输业的人们后来组成实力雄厚的保险公司——劳埃德公司。伦敦证券交易所就是在"交易巷"的罗纳森咖啡馆里酝酿诞生的。东印度公司将坐落在考珀庭院的耶路撒冷咖啡馆变成了它的非官方总部,后来以"耶路撒冷-东印度咖啡馆"闻名。

咖啡馆带来的文化效应和喝咖啡导致的生理效应很难截然分开。"便士大学"无疑促进了人们之间某种程度的联合,否则他们可能一辈子也不会见面。如果没有咖啡这种能刺激人类大脑智慧的饮料,这些人到了一起也不一定会形成一个社团。有人认为,直到咖啡传入之前,欧洲北部的人长期处于一种轻度昏沉状态。因为白水平淡无味,许多人从早到晚喝轻度啤酒。改喝咖啡之后,他们不仅降低了由于饮酒导致的大脑昏沉的程度,而且摄入了一种强劲的令人兴奋的药物。可以说,咖啡的介入导致了第二次"脑容量增加",正像人类在埃塞俄比亚的祖先所经历的那样。

在大约50万年之前,人类的脑容量剧增,增加了30%,增加的部分主要是在进行绝大多数自觉思维的大脑上部。科学家提出许多理论来解释这种情况,但从语言发展角度提出的解释似乎是最可信的,因为语言建立在大量思想的基础上,语言的产生大大提高了大脑的能力,进而产生出更多需要思考的问题,反过来又促进了语言的完善。

语言的产生把人类置于一种自己至少部分决定其演化道路的境地，使人类得以发展出之前难以想象的概念，并运用概念互相沟通。我们都知道，埃塞俄比亚是人类出现较早的地方，那么科学家不禁要思考，野生咖啡树在这片高地森林的繁衍是否对人类语言的形成产生了影响。换言之，也许正是在咖啡因的诱导之下，人类的大脑产生幻觉，舌头开始胡言乱语，于是，语言产生了。

而且，埃塞俄比亚高地葱郁的植被和奇妙的景色可能就是神话中伊甸园的绝好背景。即使在断裂的河谷斜坡森林中依然生长着野生的咖啡树，其白色的花朵散发出浓郁的类似茉莉的花香。含有两粒咖啡豆的咖啡果由绿色变成金黄，最后变成深红色的一串串成熟果实，在咖啡树柔和和丰美的绿叶衬托下鲜美夺目。毫无疑问，它们会勾起我们祖先的欲望，想要去尝上一尝。

如果原始人的确在他们宁静的高地上品尝过咖啡，那也必定是原料状态的咖啡。而在今天，咖啡几乎全部是经过烘焙才供人类使用的，以至于绝大多数并未置身于咖啡贸易中的人很难说出绿色的咖啡豆究竟是什么样子。

咖啡的烘焙并不需要十分复杂的工艺，完全可以在家里完成。需要准备的不过是在火炉上预热一个大煎锅，但不要放油。烘焙过程中需要不断地用木铲翻动，几分钟之内，咖啡豆变成金色。由于咖啡豆内细胞结构中的水汽膨胀，所以偶尔会发出劈劈啪啪的声音，就像爆玉米花那样。

带有浓重油性和水汽的轻烟从锅底慵懒地飘起。咖啡豆开始一点点褪去它们的金色，变为棕色，爆响声变得频繁，偶尔会有咖啡豆从锅中飞出。黯然无光的棕色咖啡豆这时变为油汪汪的亮棕色，飘散出沁人心脾的馨香。最后，连珠爆响，浓浓烟气中咖啡豆被烘焙完成。这时将咖啡豆倾倒在室外凉爽空气中的金属过滤器中，大约10分钟过后，就可以研磨了。那时它们会散发出浓郁的芳香，这就是我们为之倾倒的咖啡。

据称，《旧约》中就有使用咖啡的迹象，其中包括阿比盖尔送给大卫的某种礼物，以扫出卖其继承权而获得的"红豆汤"，以及博阿兹被明令交给鲁思的干焦的豆粒。有些人认为，这些都是在指咖啡。

人们对咖啡的猎奇也到了一个非常奇怪的地步，最让人吃惊的是猫屎咖啡（麝香猫咖啡）的出现。

成熟的咖啡果对一些动物也有一种强烈的诱惑，让它们做出一些奇怪的举动。夜晚，麝香猫会在种植园里吞食最好、最成熟的咖啡浆果，消化掉果皮和包裹着果壳的果肉，甚至是里面薄薄的"银皮"。这个过程恰好完成了现代的"湿""干"加工技术要做的事情，即将咖啡豆的核与其外部保护层完全脱离。不过麝香猫消化不掉坚硬的果核，它们经过麝香猫的消化系统被排泄出来。咖啡豆在麝香猫的消化过程中会带上一种特殊的味道。它们被从麝香猫的粪便中挑选出来，经过清洗、烘焙以后，备受青睐，成为世界上最贵的咖啡。虽然对它的品质仁者见仁，智者见智，有人认为这一过程非常恶心，但是也有一群人坚称这样的咖啡香浓可口，口味不俗。

据说，印度的猴子、鹦鹉、猫鼬也能进行这种神奇的咖啡加工过程，作为它们消化过程副产品的咖啡同样受当地人喜爱。

在烘焙咖啡的过程中发生的一系列复杂的化学反应形成了咖啡独特的香气和味道。其中最明显的是咖啡豆内部水分在加热时作用于细胞结构，使之比原来增大了一倍。另一个变化是，烘焙使碳水化合物被破坏，糖分子被焦糖化，从而使咖啡豆由淡绿色变成了棕褐色。最重要的变化是在咖啡豆内部变热时发生热解过程，碳水化合物和脂肪结合成新分子，就是我们通常所说的油。

咖啡油里包含了咖啡独特的香气和味道，青咖啡豆里不含油，烘焙之后才会产生油。目前已经发现咖啡豆包含800多种不同的化学成分，比如糠基硫醇、糠醛、乙基呋喃，另外还含有微量的三甲胺，臭鱼中也含有这种物质。像香水一样，咖啡奇特的成分造就了它自身的奇迹。

正是因为咖啡油的成分极其复杂，科学家们无论如何努力都无法尽善尽美地将之仿造出来，这就是为什么所有的人造咖啡都味道不佳的原因。咖啡油的重量在咖啡中不及3%，但如果没有咖啡油，咖啡就没有任何香气和味道。

具有讽刺意味的是，保存咖啡油的最大障碍就是咖啡豆本身，因为在烘焙后的24小时内,每千克咖啡豆会产生12升二氧化碳,很多咖啡油随着气体被挥发掉。这就导致烘焙好的咖啡豆需要十分复杂的包装技术,一旦储藏不善,易挥发的咖啡油很容易被氧化,从而使咖啡的香味消失,那时人们喝到的就是走了味的口感不佳的咖啡了。在最理想的情况下,咖啡应该一气呵成地完成烘焙、研磨和炮制这三道工序,这是传统咖啡的制作方法,也是最好的保留咖啡风味的做法。

从技术上说,即使人们用密封的锡罐储存烘焙后的咖啡,那么不到一天,里面很强的气压就会把锡罐的盖子拱起来。即使可以解决这个问题,烘焙后的咖啡豆也会很快被罐里的氧气氧化。虽然烘焙后的咖啡中只有很少一部分成分具有香气和味道,但是只需要极少量的氧气,就足以引起咖啡变味。

因此,密封容器保存咖啡的效果并不好。被烘焙过的咖啡豆本身就是抗氧化的第一道防线。咖啡封闭的细胞结构防止内部与空气接触过多,如果没有过度磨损,可以保存数天。如果要长期储藏的话,就必须避光,因为光照会加速氧化。而且要放在阴凉地方,如冰箱、冷库里,这样能减缓咖啡被氧化的速度,甚至可以储存一个月之久。

研磨咖啡会使咖啡的细胞结构暴露在外,增大与空气接触的面积,更容易被氧化,24小时之后就会明显走味。

一个解决方法是,在用氮气之类的惰性气体吹拂的环境下把咖啡装入一个大罐,并通过阀门释放出过多的气体。现在餐饮业经常使用的真空零售袋和香料袋，就是受此启发而成。

而研磨后的咖啡怎么储存呢？为了让它们与空气隔离，机器在研磨过程中也会使用特定设备不断向研磨机吹送氮气，然后再进行包装，这样就可以让咖啡尽可能少接触氧气。

真空的马口铁或者锡箔袋是产业化咖啡业使用最久、最普遍的包装形式，目前我们依然在使用这种方式包装咖啡。这种包装技术，是1900年洛杉矶的希尔兄弟率先发明的，后来逐渐被北美和其他地方采用。

这种包装会使消费者产生一种错觉，好像咖啡经过真空包装后就被完美保存了。但情况并非如此，因为在包装过程中使咖啡完全处于惰性气体的环境中在经济上是行不通的，这需要生产中所有的设备与周围的大气隔离，这从成本上行不通。所以，即使是真空包装，包装袋中也会残留一点儿氧气，而哪怕一点点氧气都足以使咖啡明显走味。虽然真空包装的咖啡比非真空的咖啡味道要纯正很多，但最终的产品仍然不是完美的。

现在市场上还有占很大份额的速溶咖啡。我们有必要看看这到底是个什么东西。

可以这么说，速溶咖啡与真正的咖啡最大的相似之处在于它们都使用"咖啡"这个词，除此之外，二者之间的任何相似之处都纯属巧合。这并不是说速溶咖啡是个骗子，但是我们应该认识到它究竟是怎么回事。说到底，速溶咖啡就是一种方便的、会带来愉悦的、含咖啡因的类咖啡热饮。

但是目前世界上主要的咖啡公司,都在对速溶咖啡的制作技术进行巨大投资,德国和英国是其中的业界翘楚。比如在主导着英国咖啡市场的雀巢公司的产业结构里,速溶咖啡部门是全公司最赚钱的产品部门。

速溶咖啡的成功完全依赖于它的方便性,虽然这是靠欺骗消费者的感觉而实现的,但是这种产品还是大行其道,许多人似乎喜欢它胜于喜欢真正的咖啡。特别是进入工业时代,人人都忙得不亦乐乎,以便捷省力为卖点的速溶咖啡就迅速博得人们的欢心。这是快节奏生活带来的,但也依然有传统的咖啡爱好者保留着对高品质咖啡的追求,现在遍地开花的咖啡屋就是最好的佐证。

大体上说,咖啡中最活跃的成分是咖啡因。全世界每年消费大约12万吨纯咖啡因。咖啡因本身是一种带有浓重苦味的白色生物碱,这种口味很容易辨别,这就是很多人觉得"去咖啡因咖啡"难以下咽的原因。

一个人可能会因为服食大约10克以上的咖啡因而死亡,所以对咖啡因过于敏感的人,不能大量饮用高浓度咖啡。在短时间内喝下100杯咖啡同样可以使成年人死亡。所以,像巴尔扎克那样每天喝60杯咖啡是非常危险的。较早的研究表明,相当于一粒米的1/67大小的咖啡因就可以杀死一只个头不大的青蛙。

美国科学家曾经进行了一次咖啡因对生物影响的有趣实验,

普通的蜘蛛不幸成为实验对象。实验有点儿残忍，是这样的：给蜘蛛服用各种刺激神经的药物，然后把实验蜘蛛所织的网与那些没服过刺激神经药物的蜘蛛所织的网相比较。科学家选择的药物有咖啡因、苯丙胺、大麻提取液和水溶氯醛（这是一种供人类服用的镇静催眠药）。

实验结果对于喜欢摄入咖啡因的人来说不是个好消息。服用大麻提取液的蜘蛛编织的网近乎完美，只是忘了把网织完；服用苯丙胺的蜘蛛织网速度近乎疯狂，但织的网很小，缝隙却很大；服用了水溶氯醛的蜘蛛恍恍惚惚，织的网最小；而服用了咖啡因的蜘蛛织的网与正常的由中心向四方辐射的蜘蛛网完全不同，它已经混乱到放弃本能了。

结论是：咖啡因对蜘蛛的织网能力影响最大。

人类和蜘蛛是完全不同的物种，咖啡因对蜘蛛的破坏力这么大，却是全世界一半人类每天都要喝的东西。这种东西本质上来说是一种强效的杀虫剂和灭菌剂，很多时候下水道生虫了，倒进去一杯咖啡就会管用。事实上，咖啡因的破坏力强大到足以把咖啡树本身杀死。很多植物包括咖啡树、茶树、冬青、可可的叶子和果实中都含有咖啡因，使甲虫、蛙虫、蚂蚁和其他虫子不能靠近，所以人类痴迷不已的其实是一种杀虫剂，但是自然就是这么奇妙。

茶叶中的茶碱，与咖啡中的咖啡因，经过离析分析之后，被证明是一种东西。这大概也能解释为什么饮茶和喝咖啡的习惯，能不分彼此地在全世界盛行。

但是，你永远不知道人类的喜好有多奇怪。在1906年的时候，德国汉堡的路德维希·罗泽柳斯申请了一项使咖啡脱去咖啡因的程序专利，他把这项专利称作"咖啡魔法"，后来许多法国人和美国人也这样做了。

不含咖啡因的咖啡带来的商业潜力强烈刺激着咖啡产业，商人们投入大量资金研究、开发从未经烘焙的青咖啡豆中除去咖啡因的生产技术。在大多数咖啡品种中，咖啡因约占干咖啡豆总重量的1%到2.5%。脱咖啡因程序需要把青咖啡豆浸泡在溶液里，破坏其中的咖啡因。

随着时间的推移，人们对健康的忧患意识增强了，更何况饮用脱咖啡因咖啡的消费者的健康意识本来就比一般消费者强。最初用来脱咖啡因的溶剂是纯苯，后来又改成了甲基氯化物。但是后来人们发现，老鼠服用大剂量甲基氯化物会患癌症，结果这一技术被美国食品药品监督管理局禁止。后来在1979年，瑞士的咖啡公司引入了一种"水处理"技术，并取得了巨大成功。

但是，无论采用哪种溶剂都会破坏咖啡的香味，并且因为处理工序不同，影响也会有所差异。因为咖啡因是一种苦味的植物碱基，所以，脱咖啡因的咖啡有一种甜味，而且经过脱咖啡因处理之后的咖啡更易走味，使那种甜味加重。

因为对咖啡因的质疑声音越来越大，这促使越来越多的知名品牌，不管是烘焙研磨咖啡，还是速溶咖啡，都成功地将脱咖啡因产品纳入其销售系列中。当再有人批评咖啡因会让蜘蛛发疯的时候，这些公司就会说：那你干吗不喝脱咖啡因的咖啡呢？

咖啡是世界上受到科学审议最多的食品。

在巴黎优雅的第八行政区的一所僻静别墅的四楼，设立了咖啡科学的秘密中心——国际咖啡研究会。这里的秘书处负责协调有关世界上最有价值的农产品，也就是咖啡的最新科学研究成果的传播。更重要的是，它主持一年两次的展示来自世界各地实验室的大量咖啡研究成果的会议。

商业界在科研领域下的赌注非常高，主要原因是人们越来越关注咖啡因对健康的影响，以至于美国的咖啡消费量在1962年到1982年之间下降了39%。这种状况到1990年得以扭转，咖啡产业将此归功于他们自身反对科学界有关言论的努力。

现在生产优质咖啡已经成为一种时尚产业。市场需要创新，咖啡烘焙和生产商不遗余力地来满足市场的种种需求，把不知名的咖啡变成与众不同的咖啡品类。

在发达国家的咖啡市场，我们很容易发现咖啡的产地意识影响巨大。货架上的咖啡名称——肯尼亚、哥斯达黎加、爪哇等，都是特意设计出来的，用于激发顾客的购买兴趣。这就像一本旅游宣传册，通常还有配套的图片，用来激发顾客对该国的想象。比如日本消费者喜欢坦桑尼亚咖啡却不喜欢肯尼亚咖啡，虽然这两种咖啡的味道并不一样，但主要原因不是这个，而是乞力马扎罗山和日本富士山十分相似，日本许多加工坦桑尼亚咖啡的商人都喜欢在包装上印上乞力马扎罗山的形象。

到2017年前后，咖啡产量居世界前十位的国家中，四个是中美洲和南美洲国家，印度尼西亚位居第五，但其地位是荷兰殖民时代的遗赠。在十大咖啡消费国中，第一是美国，然后是其他西欧国家，日本位居第四；另外两个是主要的咖啡生产国：位居第二的巴西和位居第九位的埃塞俄比亚。

世界前十名生产国	生产量（千吨）	世界前十名消费国	消费量（千吨）
1. 巴西	1941	1. 美国	1121
2. 越南	676	2. 巴西	765
3. 哥伦比亚	560	3. 德国	567
4. 墨西哥	387	4. 日本	404
5. 印度尼西亚	361	5. 法国	319
6. 科特迪瓦	328	6. 意大利	307
7. 印度	324	7. 西班牙	188
8. 危地马拉	312	8. 英国	138
9. 埃塞俄比亚	210	9. 埃塞俄比亚	98
10. 乌干达	186	10. 荷兰	95

西半球的咖啡产量占世界产量的2/3，消费量占1/3。美国是世界上最大的咖啡消费国，其消费量约占世界咖啡产量25%。

在越南登上咖啡业的世界舞台之前，哥伦比亚一直是仅次于巴西的第二大咖啡生产国。在一般的年份里，它生产100万吨咖啡。哥伦比亚咖啡的质量明显高于其最大的竞争者巴西，这主要是因为哥伦比亚种植咖啡的地区海拔较高。

大量的哥伦比亚咖啡被销往美国，出现在遍布美国的可以反复添加的早餐咖啡壶里。这种咖啡味道很淡，基本没有什么咖啡味，而且无论什么品质的咖啡都会被加进去的炼乳搞得变了味道。

欧洲市场对咖啡的需求要更为讲究,因而需要用更精细的方法筛选出来,这种咖啡被叫作"欧洲品级"咖啡。对于一个调制咖啡的厂家来说,哥伦比亚咖啡的最大特点是它能在与其他品种的咖啡调和之后还保持原来的味道特征,这使它保持了高水准咖啡的地位。在所有生产咖啡的国家中,唯独哥伦比亚的咖啡树不受季节影响,四季都可以收获。

这些情况给人们留下这样一种印象,好像哥伦比亚的咖啡业在其政治体系的掌控下运行良好,咖啡生产者能够在不受外界干扰的情况下解决各种困难。其实并非如此。因为美国在全球维护它的石油利益,致使哥伦比亚的国内战争不断升级,国民收入下降,曾经是国家支柱产业的农业急速衰退,有200万英亩耕地闲置。于是很多咖啡农抛弃了先前枝叶茂盛的咖啡园,转而种植古柯和罂粟,以增加收入。哥伦比亚的南部到处生长着古柯和罂粟,美国人派飞机从空中猛撒含有剧毒的农药,杀死古柯和罂粟,但这样做的同时也杀死了该地区的其他农作物。这引起哥伦比亚地区居民的极大反感。

在一般人的印象中,咖啡是一种令人愉悦的饮品,是一种生活品质的象征。但是这种全世界最具经济效益的农产品背后有丰富的演变和进化历史,是文化的一部分,同样也是经济贸易的一部分,有时甚至伴随着侵略和霸权。

中国的咖啡产业起步较晚，这是因为中国一直以来就是饮茶大国，咖啡作为外来品并不容易发展成种植产业。目前中国最大的咖啡产区是云南，占到中国咖啡种植面积和产量的99%以上。云南咖啡种植面积从2008年的30多万亩发展到2014年的140多万亩，产量从3万吨左右上升到2013年的8万多吨。

自2014年以来，雀巢和星巴克等咖啡公司加大在云南开辟原料产地的力度。云南小粒咖啡也慢慢有了一些知名度，但是依然处在起步阶段。

中国人喝咖啡的习惯大概从20世纪90年代以后开始，到了今天，很多都市人都已经对咖啡产生了依赖。虽然我国的咖啡年消费量并不很高，但人均消费量却以30%的速度递增，中国是世界上最具潜力的咖啡消费大国。

无论如何，咖啡早就成了我们生活的一部分，无法割舍。咖啡给人们带来的愉悦越多，由此产生的经济利益也就越大，围绕这些利益导致的贪婪也就越厉害，而贪婪不可抑制地产生了伤害和无序。但这一切都不是咖啡的错，是我们怎么对待它的问题。

据《华尔街日报》估计，2002年全世界有1.25亿人依赖咖啡生活。据世界银行的统计，在发展中国家，有2500万小生产者以生产咖啡为唯一收入来源，每个这样的小生产者平均养活5个家庭成员，这些家庭成员总数相当于日本全国的人口。世界银行进一步估计，全球有5亿人直接或者间接地卷入咖啡贸易中。

如此巨大的经济体量是咖啡的魅力，它的魅力在于它赋予人生停下来的意义，虽然只有片刻时间。无论是在阳光明媚的早晨，抑或某个慵懒的午后，你坐在桌边小憩，面前一杯温暖香醇的咖啡，你享受一小段休闲时光，人生好像就此静谧起来。

甜中有苦，苦中带甜，咖啡就如人生。

夜间文化产业是娱乐经济代言人

◆ ◆ ◆ ◆ ◆ ◆ ◆ ◆

说完了传统的经济模式,我们来说说新兴的经济模式,首先要提到的就是娱乐经济。

随着国民人均收入的提高、恩格尔系数降低、休闲娱乐需求增长,服务经济时代与体验经济时代先后到来。体验经济是继农业经济、工业经济和服务经济之后,人类经济生活发展的第四个阶段。现在,娱乐体验作为大众生活方式的时代已经悄然到来。在新的时代下,娱乐经济正在成为经济发展的重要引擎,成为推动经济增长的主要动力之一。

什么是娱乐呢?

英国哲学家赫伯特·斯宾认为,人类在完成了维持和延续生命的主要使命之后,尚有剩余的精力存在,这种剩余精力的释放便是娱乐。德国生物学家谷鲁司认为,娱乐并不是没有目的的活动,并不是完全与实用无关的行为。娱乐不但是人类在改造自然、改造自身生活的进程中用以调节节奏、获得休息的手段,同时也是对未来人生的准备。

那么什么又是娱乐经济呢?

美国经济学家迈克尔·沃尔夫最早在《娱乐经济》一书中提出"娱乐经济"的概念,他从经济学角度给出的分析是这样的:凡是能享受到乐趣的消费都被称为"乐趣导向消费","娱乐因素"将成为产品与服务竞争的关键,消费者不管购买什么,都在其中寻求"娱乐"的成分。

在这种"娱乐导向消费"的趋势下,会有越来越多的产品、服务提供娱乐功能和娱乐因素,让人感受到轻松有趣,跟休闲娱乐甚至文化艺术有关的人、事、物,都是娱乐经济不可或缺的组成部分。

娱乐经济并不单指娱乐、休闲业,娱乐经济的范围要更宽广,它包括广告娱乐形式、营销传播娱乐形式、产品本身娱乐互动形式等。娱乐经济是社会发展到一定阶段所产生的一种经济形式,是物质消费的精神价值体现,属于精神与心理消费经济。

夜间娱乐产业就是娱乐经济的最佳代言人。

夜间娱乐产业作为休闲、消费的一种形式,对于实现人的需求的全面满足,促进人的素质和能力的全面发展以及自由个性的最终实现等有重要意义,是实现人的全面发展的重要途径。

发展夜间娱乐产业有利于塑造和发挥人的主体性,也有利于塑造人的自由个性。人们通过夜间文化消费,积极参加各领域各层次的交往活动,同整个世界的生产发生联系,并且利用人类的丰富文明成果发展自己,追求全面的能力和人格,从而获得个性自由。

在知识经济时代,夜间娱乐产业越来越成为社会重要的支柱产业。

娱乐经济产生于工业化社会后期,最早开始于进入后工业社会的美国。随着新兴工业化进程的加快,人们开始从最初的追求物质与精神享受到追求幸福体验。人们的生活方式、消费模式、工作方式也发生改变,更加关注在生活中享受乐趣,在工作中消除精神压力,在精神上追求自身的幸福与快乐。

美国学者曾经预测,娱乐经济将成为下一个席卷全球的经济大潮。事实上,目前娱乐已经与旅游、传媒、信息产业一同成为全球产业排行榜中的四强。

在日本,娱乐业产值仅次于汽车工业,财富500强中许多企业的利润增长点中有相当比重来自下属的娱乐公司和传媒公司业务,如通用、索尼、松下、百事可乐、西屋、三星、美国在线等。

随着信息技术的发展,数字娱乐产业呈现快速发展趋势,在一定程度上甚至超过了传统娱乐业。1999年美国游戏产业已经超过了电影和录音带工业,成为第一大娱乐产品。2000年全球数字娱乐业已超过传统娱乐业,日本经济的1/5由数字娱乐业创造,韩国数字娱乐业增长率高达40%,成为韩国的支柱性产业。

而在中国,娱乐经济也开始出现,并且呈现井喷趋势。随着我国逐渐步入小康社会,人民生活水平不断提高,人们越来越愿意享受生活。消费者开始从追求温饱转向追求精神世界的享受,在获得基本生活需要的基础上,节假日的娱乐需求,人际交往的需要,以及个体的不同诉求都为娱乐业的发展提供了土壤和巨大商机。

在世界各地，娱乐经济的增长与其地区的经济发展呈正比，伴随着娱乐经济的发展，影视娱乐、数字娱乐、酒吧夜店等娱乐产业在许多国家都是成长最快的领域。

在欧美的一些城市里，如美国的丹佛、巴尔的摩，娱乐经济甚至担当了城市经济复兴的重任。城市以单纯的娱乐业发展为契机，使娱乐元素与当地产业融合，带动如旅游、餐饮、交通物流等相关行业的发展，最终实现城市经济的复兴。

夜间文化经济是娱乐经济的重要组成部分。

由于白天生活工作的种种压力，人们都有寻求解脱的冲动。社会高速发展、市场激烈竞争、生活节奏加快，人们迫切需要放松自我、释放自我，或者以另外一种与自我相背离的方式肯定自我。

夜生活恰好迎合了这一点，给了人们很多种工作时间之外扮演自己的可能性：你可以在KTV肆无忌惮地吼歌，发泄郁闷；也可以在咖啡厅小坐，放松自我；还可以去舞厅放松身体。夜间生活的产生，实际上是脱下白天的面具生活，平衡工作压力的要求使然。

夜生活实质上是一种休闲生活，而休闲是人们在闲暇时间内进行的自由活动，这些活动不仅是对空闲时间积极有效的利用，而且常常也伴随着对文化休闲产品、设施和服务的消费，夜间经济由此而产生。

移动互联时代，夜经济指向私人定制

◆ ◆ ◆ ◆ ◆ ◆ ◆ ◆ ◆

如果说传统产业的关注点还是落脚在提供物质需求，那么随着第四次产业革命的蓬勃发展，产业模式发生了翻天覆地的变化，对商业的追求不再仅仅是提供物质上的满足，而更多的是制造幸福感。可以说，如果一个经济体无法为人们提供源源不断的幸福感，那么它就无法在今天的商业社会中生存。

传统企业经营者在进行市场细分时，将包括性别、年龄、职业、收入、家庭规模等在内的人口统计学指标作为划分标准。于是，移动互联网的小众时代到来了。

随着智能手机的普及，移动互联网时代已经到来，而"互联网+"的影响也已经深入移动互联普及阶段。上班出行的时候，滴滴打车会不定期地给你发红包邀请你打车；一日三餐都可以利用外卖App点餐，既可以享受上门送餐服务还可以享受半价优惠；各种支持手机付款并享受折扣优惠的商店随处可见。手机已经成了出门在外必须携带的工具，不带手机，就没有安全感，比不带钱包还要可怕。

手机意味着"私人"，意味着"便捷"，也意味着生活现实和网络虚拟的结合。

如果让人们列举世界上最大的几家互联网公司，他们会告诉你：谷歌、亚马逊和脸书。但是有一个名字可能会被忽略，尽管它跟前面这几家公司在互联网世界中的分量不分伯仲，它就是腾讯。

腾讯着眼于社交网络服务，如即时通信、门户网站、电子商务和多人在线游戏服务。

腾讯使用一种工具将现实世界与虚拟世界连接起来，那就是微信。

微信于2011年发布，字面含义为"微小的信息"。它是一种集社交应用和媒体平台于一身的移动软件。2017年9月，微信的日登录用户人数达9.02亿，月人均成功通话次数19次，时长139分钟。此外，微信用户平均每月的公众号文章阅读量相当于一本小说，这些数字都太惊人了。

微信的发展并不限于中国，而是迅速在全球蔓延，在海外已经拥有超过1亿用户。2013年，为了进入西班牙市场，微信不惜花费2亿美元做广告宣传，请巴塞罗那足球俱乐部的王牌球星梅西为微信代言。

微信只是众多手机 App 中的一个，但是它的成功可以彰显移动互联网的潜力有多大。而移动互联网介入商业运营的结果就是催生或者说强化了O2O模式的发展，我们直接进入了小众时代。

O2O（Online to Offline）模式即线上与线下结合，是新时代下的商业模式，淘宝、京东、天猫等电商早已加入此行列。如今的用户再也不是用计划经济、商品经济时代的营销方法所能拿下来的，因为用户的兴趣点变得越来越个性化。

所以在这个时代，你永远无法取悦大多数人。互联网的产生，让小众化、个性化得到滋养和发展，手机加入互联网之后，虚拟世界的个性化气质也随之进入人们的生活。

你会发现，在身边，不仅孩子们越来越有个性，年长的人也越来越有个性，有些一辈子跟其他人没有任何两样的人，在暮年开始绽放自己不一样的色彩。一定是年龄或者阅历使然吗？未必，这也跟科技带来的改变有关。科技，不仅仅改变生产方式，同样改变着我们的生活方式和思维方式。它对我们的改变，远比我们认识到的要深刻深远得多。

近20年来，互联网产业在中国得到飞速发展，在这一时期，百度、阿里巴巴、腾讯三家互联网公司悄然成长为行业巨头，被合成"BAT"。BAT是大众时代的产物，但是在移动互联网时期，个性化时代来临了，为了应对这一局面，BAT这三家公司已经开展了数年的布局。

这三家公司都花费了巨大的人力物力，力图从"人与信息"的连接向"人与服务"的连接跨越，并通过大量的并购交易进入金融、娱乐、出行、医疗、教育、本地生活等行业。

尽管这三家庞大的公司都在纷纷进行跨行业布局，但是有心无力的局面也在加剧。因为它们的时代正在慢慢过去，新的时代来了，必然催生出大量的颠覆者。这些颠覆者在体量上可能比不上它们的一个零头，但是会更灵活，更具有生命力，更符合新时代的精神。

小经济体就一定存活困难吗？未必。在当今时代，1000个铁杆粉丝足够你养家糊口；1万个铁杆粉丝能够让你比中产阶级还要富有；100万个铁杆粉丝足以让你超过95%的中国人。

小经济体就一定比大经济体竞争力更弱吗？未必。大经济体虽然很大，但是不可能把全世界吞下。如果说在互联网时代，你能够成功聚集大部分的人，那么在移动互联网时代，得小众者才得天下。

小众并不是基于人群数量的多少，而是着眼于需求的细分。经常定制私人用品的人会发现一种现象，有些常见的产品，定制的价格却十分昂贵，而用户还特别喜欢定制。根据长尾效应，有一些潜在的大众也会不断地向小众靠拢，从理论的角度上来说，小众可以达到无限。但是达到无限的小众也并非大众，而是能够满足越来越多的私人定制。

人类在潜意识里，几乎都是以自我为中心的。相对于别人，我们永远更在乎自己，我们永远都追求服务的极致状态，这从每个人都希望客服有无条件的好脾气就可以看出。对于产品来说，内容、功能、逻辑、交互甚至运营都应该围绕消费者的自我意识展开，而个性化是以上所有问题的根本解决之道。

在生活方式相同或相似的小众群体里，每一个成员都获得了身份认同，这种身份认同是归属感的来源。身份认同是对自身文化身份和地位的一种自觉和把握，是对人与人，或者人与群体之间的共同文化的确认。使用相同的文化符号，遵守共同的文化理念，秉承共有的思维模式和行为规范，是文化认同的依据。由于小众群体使得每一个成员获得了归属感，于是他们有了保持与创新自身文化属性的根本动力。

在旧时代，企业一味地追求大而全是有原因的，因为那时受时间和空间的限制。按照可口可乐的研究，要做到产品覆盖整个美国，那么每300个人就需要一个销售点。这个计算如果搬到中国就是一个天文数字，因为这意味着400万个销售点。每一个销售点都因为形态属性的不同有着不同的辐射半径，因此才产生了连锁企业。麦当劳在中国有2000多家，肯德基有5000多家，而沙县小吃、兰州拉面等连锁品牌更是不胜枚举。

但是移动互联网的普及瞬间摧毁了终端"变多"的意义，也就是说，在互联网时代，通过更多的终端把产品卖给更多的消费者已经没有必要了。在网络上，只需要一个页面就能把产品展示给世界，于是规模化丧失了一切意义。这也意味着新的经济模式在理论上可以获得与巨头相等的传播能力。因为在网络上，企业都是平等的。

所以现在是小而美的经济体大行其道的时代。比如市场上新出现的24小时便利店模式，这些小小的便利店开在街角，占地不大，与沃尔玛、家乐福等大型超市系统相比就如同一只小麻雀。但正是这样一只小麻雀真正体现出了小众经济的"便利之美"。

在过去，我们倾向于一切以大为美，要大规模、大产业、大运作，但是在当今这个时代，经济走到另外一个方向，就是要专注，专注服务于某一群体。因为专注，所以个性，所以快，所以有取舍，这注定了这样的经济模式不可能具有庞大的规模。

人类发展的分众化、小众化趋势是未来学家阿尔文·托夫勒在20世纪70年代提出的。今天看来，他的预言已成现实。自20世纪90年代之后，消费主义的浪潮席卷全球，加速了现代化进程，人们从对人类整体命运的关注开始转变为对自身生活状态的关心。这直接造成了人与人之间的关系日益疏离，一个个给人们带来归属感的小团体、小圈子变成了人们的庇护所。

在社会碎片化的时代背景下，市场细分理论更加受到企业经营者的重视。市场细分理论是美国学者温德尔·史密斯在1956年提出的。市场细分理论是根据消费者对产品不同的欲望和需求、不同的购买行为与购买习惯，把整个市场划分为若干具有相同或相似需求的消费者群体，以便企业在这些子市场中选择最精准的目标市场。

很多时候非主流才是主流。非主流不是年轻人的专利，对于任何一个年龄段的人来说，内心都住着一个非主流的自己。因为关于自我的认知，是人性的一部分。不管是决定主流般的"非主流"，还是非主流般的"主流"，都是非常强烈的个人选择，是内心的反映。从这个意义上来说，每个人都具有独一无二性，只是年轻人更愿意把自己的个性展露出来，好像个性化是他们这个年纪的人的专属。其实并非如此。在小众化时代，群体不再简单地分为老年、中年、青年和少年，群体的分化是更加多样性的，有喜欢跳广场舞的少年，也一样有喜欢玩滑板的老人。对于经济体来说，它们面对的是有不同爱好的人们，而并非严格按照年龄划分的群体。

这个时代唤醒了每个人心中的小众意识，这个时代也完全有能力为每一个人打造属于他们自己的"私人定制"。

人类跨入 24 小时生命期

著名的未来学家格雷厄姆·莫利托在《全球经济将出现五大浪潮》一文中提出娱乐经济的条件和特点：网络技术高度发展，人类社会信息化；娱乐经济的核心是创造内在体验。

换句话说，网络将是娱乐经济的平台，能够给用户带来"娱乐体验"的内容才能实现其价值。

黑格尔说"凡是合乎理性的东西都是现实的，凡是现实的东西都是合乎理性的"，这句话后来被简化成大名鼎鼎的"存在即合理"。

我们不妨把这句话重新阐述一遍：现实与理性都符合人性的范畴，那么"存在即人性"。

技术就是人性的延伸，技术无所谓"善恶"，任何技术都有它的合理性。

农业革命通过耕种保障了我们的饮食，从此之后我们再也不必发愁下一顿饭在哪里，人类的温饱问题解决了。

工业革命通过机械和电气延伸了我们的肌肉，解决了生产效率问题，从此我们进入了高生产率时代，物质极大丰富，人类摆脱了物质匮乏的束缚。

无论是农业革命，还是工业革命，都是我们肢体的物理延伸，它帮助我们，丰富我们，但是它没有从本质上颠覆我们。

互联网和信息革命则是另外一个概念，跟以前的技术革命都不同，信息革命拓展了人类的大脑。而人类与动物的区别，根本在于人类拥有无与伦比的头脑。

英国生物学家理查德·道金斯在《自私的基因》一书中首次提出了"文化基因"的概念。文化基因与生物基因对应，其实质也是一种复制因子，它可以像生物基因一样被遗传、变异、选择、优化。最关键的是，它跟生物基因的最终目的是一致的，就是追求最大可能地复制下去。

在这样的概念里，任何可以在人群中传播复制的文化行为——语言、观念、时尚、技术、理论、信仰、传统等，都可以被看作文化基因。

而人类的历史可以被看作是一部文化基因的进化史，所有的文明现象不过如此，都是在传承、同化、变异、交融和选择中寻求自身最大可能的延续性。

生命体的第一需求是传播、复制自己的基因，个体生命终将死亡，但是把基因复制到下一代，通过这种方式，在某种意义上可以延续生命，超越死亡，打败时间。

然而，人还有"第二生命"，即存在于文化基因中的精神世界。无论出于有意还是无意，人类都在不断地传播和复制文化基因，这是我们作为符号动物的第二需求。

文化基因的传播比生物基因的传播还多出一个优势，就是它并非只有递减一种模式，有时还会被加强。

有性繁殖使得生物基因在遗传中每代都会减半，因为子女的基因一半来自父方，一半来自母方，你必须腾出一半的地方交给其他基因去填充。但是文化基因的传播不存在这种必要性。

孔子的生物基因传到今天，已经有80代了。虽然孔子的后代依然为自己身为圣人的后裔而骄傲，但他们身上携带的孔子的生物基因其实已经稀释得和水一样了（你不妨亲自算一下这个数字有多小）。而孔子的文化基因呢？就是另外一个景象了，儒家思想到了今天还在生生不息地产生影响，虽然中间遭遇了各种变异和重生，但是只要你有心，你依然可以在今天的文化中找到孔子思想的清晰痕迹。

从这个意义上来说，作为一个群体，传播自己文化基因的价值和重要性，远远超越了传播生物基因。从人类进化这个更宏大的角度来看，个体是无价值的，人类只有作为一个群体，才具备了存在的意义。

互联网的出现使文化基因的传播得到了质的飞跃，在网络上，文化基因的复制几乎没有成本，而且可以实时传播、双向互动。文化基因第一次从底层的物理介质中"脱嵌"了出来，可以无阻地传播了。

虚拟世界不是在有了计算机和互联网之后才出现的，人类自从有了文化基因，就从来都存在于双重现实之中。只是以前，我们以为所有的非现实都是想象，当我们的祖先围着篝火跳舞的时候，当我们的祖先在孤独深夜思考自己的前世今生的时候，当我们的祖先借助月光写下"但愿人长久,千里共婵娟"的时候,我们从来不认为想象是另外一种现实。但是让人意想不到的是,进入认知革命后,想象力就会持续发生作用,甚至逐日加强。终有一天,虚拟和现实会达成无缝衔接。

就像我们前面说的,从宇宙大爆炸那一天起,夜晚就扮演着人类臆想力摇篮的角色。电气革命带来了照明,让夜晚更活跃、更丰富。互联网的出现,使得夜晚的虚拟世界意义得到了彻底的表达和释放。

宇宙起初是一个混沌无序的世界,随着宇宙大爆炸后的冷却,在 1/1000000 秒之后,夸克通过胶子连接在了一起,便形成了质子和中子。38 万年之后,当质子和中子组成的原子核和电子结合在一起,便形成了稳定的原子。

1 亿年之后,第一批恒星开始形成并发光,核聚变反应产生了各种重元素。不同数目的质子和中子连接成的原子核和电子结合在一起,便有了形形色色的元素。当不同元素的原子以一定的排列方式连接成分子的时候,便开始了化学的纪元。

46 亿年前,包括地球在内的太阳系开始形成。38 亿年前,高分子连接成复杂精细的结构并产生自我复制的机制,开启了生物的纪元。20 亿年前,多细胞生命出现,当细胞通过组织连接起来,便形成了丰富的生命形态。12 亿年前,开始了有性繁殖,当基因通过性组合起来,生物多样性就产生了。

20 万年前,进化出了解剖意义上的现代人类。大约 7 万年前,人类经历了旧石器时代晚期的认知革命,语言出现了。语言符号连接起来,便产生了意识世界,人类开始进入文化的纪元。进化的主旋律由物理化学反应到生物基因的复制,最终演变成了文化基因的传播。

宇宙是通过各种各样的连接才称为一体的,它们作为个体虽然自成体系,但是每一个个体的存在意义,都依赖于它们在整体中的位置和价值。这是宇宙的本质,也是互联网的本质。

互联网不是成千上万的终端连接到母体,受制于母体的垂直型关系。互联网是一群人的浪漫,每一个人的价值都隶属于自己,但也是整体的一部分,母体的整体性来自每一个个体的独特性。

互联网改变了我们每一个人的认知边界,更重要的是,互联网的去中心化导致权威的弱化,世界更多元,个体更突出。但是世界因为解放了成千上万的个体,反而更加有力、更加丰富了。这种变化中,人类社会产生的纽带力量,远远胜过一个权威时代。

从这个角度来说,互联网带给了人类社会颠覆性的改变。也许我们今天还没有明确意识到这种改变,但是在不远的将来,已知的社会结构必将发生重大变革。互联网让"每一个人"变成"一群人",让"一群人"变成"同一群人",人类在某种程度上达成了社区、种族、国家、宗教的和谐,在技术层面上成为"同一群人"。

夜晚的功效和质能也悄然发生了改变。采集狩猎时代和农业时代的人类只关注白天,夜晚是他们休息、娱乐的时间,白天才是生活和生产的时间。他们的日历是一个接一个的白天,一天中,人类的有效时间只有 12 个小时。

但是互联网产生之后,白天与夜晚将不再有任何区别,人类正式跨入 24 小时生命期。你可以在白天休息,夜晚连上纽约的股市做投资工作;你可以在白天休息,夜晚在网络上进行客户服务和沟通;你可以在白天休息,夜晚发出世界某个角落里的新闻资讯。

夜晚作为时间段的重要性越来越凸显,甚至有时比白天更重要。作为一个固定空间的个体,你可以和这世界上任何一个空间、任何一个时间的人沟通交流,那么,夜晚和白天,在利用意义上还有什么区别?!

夜晚白天,你我他,在互联网技术的支持下,终于实现了亲密无间的浪漫。

✦ 尾 声
Epilogue

寻找第二 GDP

夜晚赋予我们的含义远比它表现出来的要多。

它让我们休息，带给我们安宁，它也是我们精神上的庇护所，它一直深深地跟人类的文化行为、精神世界和自我认知紧密联系在一起。这无一不彰显了夜晚在人类生活中的重要性。昼与夜仿佛硬币的两面，仿佛阴阳的两端，离开了夜晚，白天也就毫无意义。

而我们所说的经济行为，虽然从字面意义上理解是生产关系和生产力的体现，但是，从它诞生的那天起，经济就是关于人的，而不是关于钱的。

"经济"在英语中是 economy，源于希腊文 oikonomia，原意就是"家庭管理""管理家庭的人"。在东方，古汉语中"经济"一词的来源是"经邦济民"和"经国济民"。

无论是东方文明还是西方文明,"经济"的本意都与处理人与人的关系紧密相连。在东方,"经济"的起源甚至有更宏大的意义,跟一个国家的兴旺联系在一起。

但是无论从哪方面解读,经济都比金钱交易要更丰富、更广阔,它涉及文化和政治,也需要植根于对人性和人本质的深刻理解。

夜间经济在古代表现为夜市。据考证夜市萌芽于汉代,兴起于唐代中晚期,到宋代打破宵禁制和坊市制之后兴盛一时,在明清得到进一步发展。民国时期战乱频繁,各地又恢复宵禁,在一段时间内阻碍了夜市的发展。真正的夜晚经济出现在改革开放之后,人们对夜晚生活内容的重视,使得城市趋向全时性。

国际上,夜晚经济被称作"24小时城市",源自20世纪70年代英国为改善城市中心区夜晚空巢现象提出的经济学名词,提倡城市夜晚活动多元化。英国在1995年正式实施夜晚经济战略,之后美国也大力推行,夜晚在经济活动中承担了越来越多的责任。

夜间经济活动从来不是孤立的,它完全可以看作白天经济生活的延续。就消费而言,甚至可以与白昼相提并论,在有些地方甚至超过白昼。

夜间经济不仅迎合了城市文化和人们的消费需求,更体现了城市经济发展的水平。就像我们前面几个章节说过的,世界上很多城市都有"不夜城"之称,越是经济发达的城市越是有这样的特性。

夜间经济从主题内容来看,主要包括文化、娱乐、休闲、健身、劳务、餐饮、购物等服务业,是人们一般需求之外的增量需求,这些增量需求可以促进服务业的快速发展,催生新的服务内容。夜间经济的繁荣能进一步提高服务业发展水平,提高服务业在产业中的比重,是推进经济结构调整,加快经济发展方式转变的重要推手。

在这样的层面上,夜晚因为承载了人性中最柔软的一部分,而成为经济生活中最值得玩味的、也是一直被忽略的一部分。

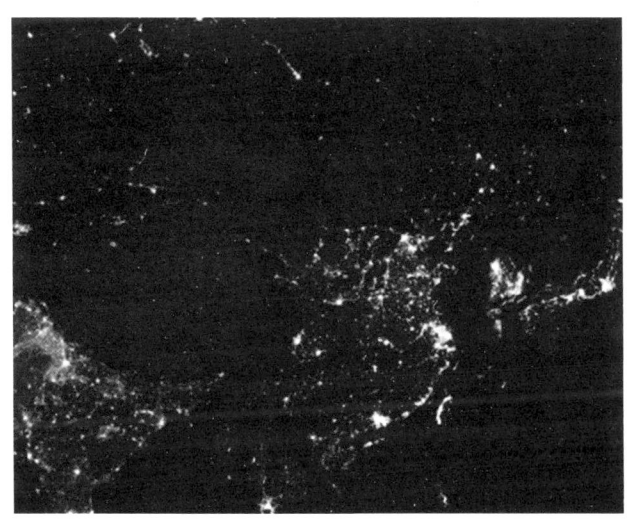

这是Night Earth(夜间地球)网站上的东亚地区夜间卫星图,从图中可以隐约看出,中国的国土有一条长长的线,线的东边,灯火辉煌,好像色彩斑斓的琉璃球;而线的西边呢?黯然沉闷,如同

一块冰冷的石头。

这条线是什么呢？你可能看不到它，也可能从来没听说过它，它却影响着你的生活。这就是经济学上著名的胡焕庸线。

这条线北起黑龙江黑河，一路向着西南延伸，直至云南腾冲。这是1935年国立中央大学地理系主任胡焕庸通过数万个数据一点一点在地图上摸索出来的。在那个没有大数据分析，没有计算机采集的时代，其工作量之大可想而知。

起先，胡焕庸先生是从人口角度来看这条线的。线的西北方向，是"大漠长河孤烟"，占当时中国国土面积的64%，却只有4%的人口。而线的另一边呢？是"小桥流水人家"，仅有36%的国土，却聚集着另外96%的人口。

这是一条清晰的、几乎骤然就从熙熙攘攘变得人烟稀少的分界线，就好像从南到北的中国人在接近这条线时会意识到什么似的，一来到界点，就不约而同地加速了向东迁徙的步伐。

1935年的时候，胡焕庸先生发表了《中国人口之分布》，将黑龙江瑷珲（黑河）与云南腾冲相连，画出了这条著名的胡焕庸线。

他没有想到的是，这一连，他将古籍中的文学记载量化了、数字化了，同时也预言了中国未来近百年的区域发展。

此后的80年，中国地图从"海棠叶"变成了"雄鸡"，分割线两侧的面积对比变为57%：43%，中国的人口也从那个时代的"四万万"，变成了今天的13亿。变化如此之大，但是胡焕庸线两侧的人口对比呢？只移动了1.8%。

胡焕庸线两侧人口占比变化表

年份	胡焕庸线西侧人口占比	胡焕庸线西侧人口占比
1935 年	4%	96%
1982 年	5.6%	94.4%
1990 年	5.8%	94.2%
2000 年	5.8%	94.2%

在这条线被发现后的几十年里,中国发生了很多惊天动地的事情:新疆生产建设兵团垦荒戍边、支援大西北、三线建设、知识青年上山下乡……国人一次次大规模地从线的东面迁往西面,一次次喊着"人定胜天"走向广阔天地开创未来。但是有意思的是,人为的迁徙好像是个有弹性的橡皮筋,一旦外力松动的时候,橡皮筋注定要恢复原状。

2014 年 4 月 11 日,当即时通信软件腾讯 QQ 的同时在线用户数突破 2 亿的时候,有人发现,如果每一个用户就是一个小亮点,那么我们依然可以从黑龙江到云南划出一条清晰的线,一边满是 QQ 在线的信号,另外一边就是大片的黑暗。这跟 1935 年中央大学教授书桌上的人口分布图一模一样。

真的有人定胜天吗?其实不过是顺应自然而已。

胡焕庸线西北一侧贡献了中国 GDP 的 4.3%,而东南一侧则贡献了剩下的 95.7%。

人口的密集度就意味着经济的活跃程度,而经济的活跃程度就反映在太空俯视下的夜晚。

尾 声
寻找第二 GDP

GDP是什么？是国民生产总值，是一定时期内本国的生产要素所有者所占有的最终产品和服务的总价值。GDP包含两方面的价值：产品价值和服务价值。

如果说白天主要负责产品价值，那么夜晚才是GDP中服务价值的主战场。

夜晚制造第二GDP。

技术革命是催生这一可能性的主要助动力。电气革命让夜晚如白天一样光彩夺目，甚至更有韵味。互联网带动的信息革命，让夜晚充满各种可能性，甚至超过白天。

与文化、知识、服务相关的第三产业在经济结构中占有的比重越来越大、越来越明显。产业链由只注重制造，慢慢开始往研发和品牌服务倾斜。

这就意味着一直以来被低估的夜晚需要扮演重要的角色，因为夜晚是白天的消费和服务输出的延伸。一个不重视夜晚的经济结构，是自断一臂的经济结构，是自动放弃第二GDP的经济结构。

美国布朗大学教授戴维·威尔研究指出，一个地区夜晚的活跃程度和它的GDP成正比。我国消费经济学家尹世杰认为，以闲暇消费为主的夜间经济，是物质文明与精神文明的结合点，体现了人类社会文明的内涵，是促进消费和谐乃至社会和谐的一个重要方面。

在某种程度上，夜间经济是一个城市的经济发展水平和消费水平最直观的反映。夜间经济已逐渐成为服务业的新的增长点，是一个城市经济框架的重要组成部分。

文化产业的出现是社会分工的结果，它为社会经济活动提供了新的创造价值的方式，增添了新的经济增长点与活力。它提供了一套新的产业增长模式，有着新的经济功能。除了可以对经济发展的各个部门包括工业、服务业产生积极的影响，还给城市化进程带来更好的发展。

有资料显示，美国人60%以上的休闲活动是在夜间；法国巴黎市政府规定，临街的商家要在关门之后保留其橱窗灯光；在经济放缓的背景下，澳大利亚悉尼市政府推出新政策，大力发展夜间经济，鼓励百货公司、博物馆、咖啡店和艺术馆延长营业时间。

自古以来，文化中心就是城市所具备的功能。近年来，随着经济规模的快速扩张，城市化进程加快，区域面积逐渐拓宽，我国各地纷纷开始实施文化发展战略。

据统计，在北京、上海、广州、深圳等城市，夜间经济已经占全天服务业营业额的50%，百货商店发生在18点以后的营业收入，竟然占到全天销售额的40%到80%。

夜间经济早就不是古代的"夜市"概念，而是发展成为一种以文化消费为主要内容，涉及餐饮、旅游、休闲、贸易、娱乐等方方面面的经济体系。

到了夜晚，昼与夜的差异、时间与空间的重构、地点的可达与不可达等形成新的城市生态。"夜态城市"就是要研究夜晚的城市经济、城市文化、城市社会结构，以及最后形成的一种与白天生活方式不同的生活状态,并且把这种生活状态反映在城市空间结构和城市规划管理上。

所以,我们说的"夜间经济"涉及更广更全的内容,不仅仅包含经济领域,还包含了城市规划与管理这样的概念。

物质世界是普遍联系的,任何存在都必须在一定的时间和空间中,人类文化也不例外。文化哲学视野下的空间,不是物理、自然空间,而是文化空间。文化空间是人的世界的空间维度,是从空间角度考察的人的世界,是人的世界的一种基本存在形式。进一步说,文化空间是人及其文化赖以生存和发展的场所,是文化的空间性和空间的文化性的统一。

文化空间是与文化时间相对称的,"文化空间必须通过文化时间得以纵向的延续和发展,文化时间必须通过文化空间得以横向的展开和延展"。作为人的世界的基本存在形式,文化空间和文化时间的结合共同构成文化时空环境。文化时间和文化空间是构成文化环境的本体论维度。

夜间经济是城市经济发展的一种新的呈现方式,事实上,一个城市是否能体现出它的引领性和主导性,主要看它是否具有成熟的夜间经济。因为夜间经济拉动了消费需求,转变了经济增长方式,也促进了经济环境的协调发展。看一个城市的经济活跃程度,没有比夜间经济更好的经济指标了。

在不久的将来,一个城市的服务业,在一定程度上就是城市经济提升的主要判断指标,而发展夜间经济就是要带动更多的民众参与到服务消费当中。

新技术的介入,让夜晚的可能性得到了无限延伸。人们可以在家里购物,也可以通过手机 App 点外卖。人们在夜晚得到放松,很多娱乐行为也是在夜晚进行的。基本上,白天属于公众关系,但是夜晚是围绕私生活展开的,而所有的个人消费都是私生活的一部分,所以夜晚的消费量体现了民生。如果说白天体现了 GDP 的阳面,那么夜晚代表着生活质量,是 GDP 的阴面。

时间和物质、能量、信息、人力一样,是不可或缺的、极其重要的经济资源。

时间这种资源,乍一看是无限的,过去未来,无穷无尽,似乎可以取之不尽、用之不竭。其实,时间比其他任何资源都更为短缺。对个人来讲,他所拥有的时间资源是由时间的自然属性和个人寿命的长短决定的。我们不能用其他任何资源来代替时间资源,我们既不能把以往的时间推迟使用,也不能把未来的时间提前到经济活动中来,而且,没有任何人可以阻止时间的脚步。

所以,时间才是最短缺的资源。

一切人类活动,包括经济活动都是在一定的时空中进行的,离开了时间,人类的一切活动都难以为继。正因为时间不等人,所以夜晚的利用率就会越来越高,这是商业社会对资源最佳利用的结果。

而且随着社会的进步,人们的生活方式也发生了重大变化。在农业社会，人们早睡早起，日出而作，日落而息。进入工业社会后，城市化进程越来越快，白天和夜晚的界限被打破，人们把更多的学习、工作、休闲、娱乐、购物和社交等活动安排在夜间。

也许在不久的未来，人类没有了夜晚和白天的界限，城市被灯光点亮，夜晚被技术装点。上海的夜晚是纽约的清晨，是开罗的中午，是巴黎的下午。通过即时通信软件，你可以在夜晚的上海操盘纽约的股市，参加开罗的会议，定制巴黎的服装。对你来说，你属于这个时空的每一个部分，你的视线里无所谓白天黑夜，有的只是你的视野和延展能力。

在这样的情况下，夜晚不再是黑暗、寂静、只适宜睡眠的。夜晚不再具有绝对意义，它是相对的，它只是时空的一个底色，夜晚本身是可以改变的。

这是多么大胆的一个看法，但是这一切都在成为事实。越来越多的人突破了夜晚和白天的界限，越来越多的人在瞬间连接到地球的各个角落。人类的视野不再受困于脚步，人类的认知也不再受困于日升月落。

世界是平面的，时空也不再是反正两面。夜晚和白天只存在于你的概念当中，所以，不妨让我们大胆一些，拥抱夜晚。这不仅仅是因为我们对星空的眷恋，也不仅仅是因为我们对人类发展的追随，而是因为我们的内心更加自由，视野更加宽广。黑与白，昼与夜，不再是边界，而是色彩。来去自由，随心所欲，这才是夜间经济学的真正含义。